강의를 시작하는 당신에게

실전 교수법 가이드

강의를 시작하는 당신에게
실전 교수법 가이드

초판 1쇄 인쇄 2024년 9월 19일
초판 1쇄 발행 2024년 9월 30일

지은이 김희봉

편집 윤소연 **표지디자인** 새섬
마케팅 임동건 **마케팅 지원** 신현아 **경영 지원** 이지원

펴낸이 최익성 **출판 총괄** 송준기
펴낸곳 파지트 **출판 등록** 제2021-000049호

주소 경기도 화성시 동탄원천로 354-28
전화 070-7672-1001 **팩스** 02-2179-8994 **이메일** pazit.book@gmail.com

ISBN 979-11-7152-054-1(03320)

- 이 책은 저작권법에 따라 보호받는 저작물이므로 무단 전재와 무단 복제를 금지하며,
  이 책의 내용을 전부 또는 일부를 이용하려면 반드시 저작권자와 파지트의 서면 동의를 받아야 합니다.
- 잘못된 책은 바꿔 드립니다.
- 책값은 뒤표지에 있습니다.

강의를 시작하는 당신에게

실전 교수법 가이드

김희봉 지음

pazit

『다시 강단에서』 개정판을 내며
독자들에게 보내는 편지

　이 책을 집필하게 된 동기 중 하나는 제가 하는 일과 관계있습니다. 그동안 강의를 해오면서 학습자들의 반응을 살펴보니 학습자들은 강의 내용뿐만 아니라 강의 스킬, 이른바 교수법에 영향을 받고 있었습니다. 이는 교수자가 아닌 학습자에게 적합한 교수법이 있는 것입니다. 이와 관련해서 제가 그동안 공부하고 강의 현장에서 적용해 본 여러 가지 내용과 방법들을 정리해서 나누고 싶었습니다.

　다음으로는 학습자 입장에서 강의를 살펴봤습니다. 같은 내용을 다른 방법으로 접근하면 더 좋을 것 같다는 아쉬움이 남는 경우도 있었고 무릎을 탁하고 치게 만드는 경우도 많았습니다. 이런 스킬들은 보통 교수자가 일일이 찾아보고 연구하지 않으면 습득하기 어려운 경우가 많습니다. 이에 대해 하나하나 콕콕 찍어주는 내용들을 담는다면 교수자와 학습자 모두에게 도움이 될 것 같았습니다. 그렇다면 강의를 하는 분도 강의를 듣는 분도 모두 좋지 않을까요?

마지막으로는 강의를 막 시작하거나 이미 하고 계시지만 더 잘하고 싶은 분들을 위한 '실전 교수법 가이드'가 필요하다고 생각했습니다. 지금 당장 강의를 준비하고 강단에 서야 하는데 교과서와 같은 책보다는 바로 적용해 볼 수 있는 가이드를 필요로 하는 분들이 주변에 계십니다. 이 분들의 질문에 답변을 하고 조언이나 코칭을 하다 보니 공통적으로 긁어 주었으면 하는 가려운 부분들이 보였습니다. 당장 갈증을 느끼는 분들에게 필요한 것은 한 잔의 물이라는 생각으로 집필하게 되었습니다.

탈고를 하고 나면 늘 아쉬움이 남습니다. '조금 더 깊이 있게 써 볼걸' '조금 더 좋은 표현으로 써 볼걸' 그리고 '조금 더 매끄럽게 써 볼걸'과 같은 아쉬움입니다.

이와 함께 이미 여전히 마음속으로 퇴고와 교정의 과정이 이어지는 것은 그만큼 이 책에 대한 애정의 크기와 깊이가 넓고 깊기 때문이라고 애써 스스로를 보듬어 봅니다.

개정판을 출간하면서도 이러한 감정을 고스란히 느끼게 되었습니다. 나름대로는 글을 쓰는 과정과 최종본을 확인하는 시점에 이르기까지 최선을 다했지만 아쉬움은 쉽게 떨쳐지지 않는 것 같습니다.

그럼에도 불구하고 이 책은 남다릅니다. 교수법에 대한 저의 십수 년의 경험과 관찰에 기반한 내용이기도 하고 최대한 군더더기를 뺐기 때문입니다. 그리고 이른바 교수법과 관련해서 알아 두면 좋은 내용good to know보다는 강의 현장에서 반드시 필요한 내용need to know으로 접근했기 때문이기도 합니다.

초안으로 정했던 책 제목이 '실전 교수법 가이드'였다는 점을 언급해 보면 이 책의 구성과 내용을 미루어 짐작해 볼 수 있습니다.

글을 쓰고 정리하는 내내 강의를 하는 교수자의 입장에서 정말 필요한 부분이라고 생각되는 것과 놓치면 안 되는 것들을 생각했습니다. 그리고 가능하면 강단에 서거나 앞으로 설 예정이 있는 모든 교수자들이 강의를 즐기고 잘할 수 있는 방법을 제시하고자 했습니다.

들어가는 말

강의를 잘하는 방법, 이른바 교수법에 대한 내용은 헤아리기 어려울 정도로 많다. 더군다나 새로운 기술과 방법들이 개발되고 적용되고 있으며 기존의 교수법에 대한 응용에 이르기까지 천차만별이다. 게다가 이미 검증되고 효과적이라고 할지라도 다루고자 하는 내용에 따라 적합한 방법과 적합하지 않은 방법이 있어 교수자로서 이러한 교수법들을 익히고 체화하는 것은 꽤나 오랜 시간이 필요하다.

거꾸로 생각해 보면 강의를 망치는 방법은 의외로 단순하다. 강의를 잘하는 방법과 비교하면 교육 내용에 따라 크게 달라지지도 않는다. 한마디로 강의를 망치는 방법을 알고 있다면 그렇게 하지 않는 것만으로도 강의를 잘 할 수 있다. 강의를 잘하는 교수자는 모두 나름대로의 방법을 가지고 있지만 강의를 망치는 교수자는 모두 같은 방법을 쓰기 때문이다.

강의를 망치는 첫 번째 방법은 보고 읽는 것이다. 교수자가 강의 내용을 보고 읽게 되면 강의를 망쳤다고 생각해도 무리가 없다. 만일 강의 현장에서 교수자가 강의 내용을 보고 읽을 수도 있지 않을까라는 생각을 한다면 이후 벌어지는 상황을 살펴보자.

교수자가 강의 내용을 보고 읽는 순간 학습자들과는 벽이 생긴다. 학습자들의 상태도 알 수 없으며 지금 다루고 있는 내용에 대해 학습자들이 잘 따라오고 있는지 혹은 이해나 공감은 하고 있는지 전혀 알 수가 없다. 교수자의 눈은 강의 내용과 학습자들을 동시에 볼 수 없기 때문이다.

이렇게 되면 교수자는 일방향적인 강의를 하게 된다. 좋게 이야기하면 준비한 내용을 마치 녹음기를 틀어 놓은 듯이 정해진 시간에 말하고 나가는 것이고 보다 현실적으로 말하면 교수자가 혼잣말을 하다 끝나는 것이다.

강의를 망치는 두 번째 방법은 삼천포로 빠지는 것이다. 정해진 내용과 다루어야 할 내용이 있는데 강의 중에 계획하지 않은 내용으로 전개되는 것이 삼천포로 빠지는 경우다.

일반적으로 강의 중에 삼천포로 빠지는 경우는 교육 내용과 다소 거리가 있는 교수자의 개인적인 경험이나 의견 등을 이야기하는 것이다. 물론 재미있는 내용이나 에피소드 등과 관련되어 있어 강의의 맛을 더하기도 한다.

문제는 교수자가 교육 내용을 벗어나 삼천포로 빠지게 되면 준비한 내용을 다룰 수 없거나 다루더라도 설렁설렁 혹은 대충 넘어가는 데 있다. 정해진 시간 내에 다루어야 할 내용을 준비해 왔지만 예정에도 없던 내용이 가미되면서 정작 다루어야 할 내용에 대한 시간을 침해하기 때문이다.

상황이 이렇게 전개되면 결국 교수자는 준비한 내용을 슬며시 넘어가거나 나중에 살펴보자는 등의 핑계를 내세워 마무리하게 된다. 이런 교수자를 마주하는 학습자의 생각은 어떨까? 별로 중요하지도 않은 내용이나 나중에 살펴보면 되는 내용을 가지고 강단에 선 교수자를 어떻게 생각할까?

강의를 망치는 세 번째 방법은 시간을 초과하는 경우다. 정해진 교육 시간이 있는데 이 시간을 훌쩍 넘기는 것을 말한다. 사전에 학습자들에게 공지된 교육 시간은 학습자들과의 약속이다. 그래서 약속한 시간이 다 되어갈 무렵의 학습자들은 주의도 산만해지고 관심도 다른 곳으로 전환된다.

그럼에도 교수자가 계속 강의를 하고 있다면 같은 장소에 있지만 서로 다른 생각을 하고 있는 상태에 처하게 된다. 시간을 초과한 상태에서는 아무리 좋은 내용이나 유용한 내용일지라도 학습자의 입장에서는 빨리 끝났으면 하는 내용에 불과하다.

앞서 제시한 강의를 망치는 방법을 아우르는 공통점이 있다. 바로 준비 부족이다. 교수자의 준비 부족이 교육 내용을 보고 읽게 만들고 삼천포로 빠지게 하고 시간을 초과하게 만든다.

교수자의 준비가 부족하면 내용에 대한 숙지가 잘 되어 있지 않으니 자연스럽게 눈이 교안으로 가게 된다. 그리고 교육 내용에 대한 숙지가 되어 있지 않으니 무리수를 두게 된다. 삼천포는 어쩌다 빠지는 것이 아니라 교육 내용에 대해 충실하지 않으니 빠지게 되는 것이다. 결과적으로는 시간 관리에 실패하게 되는데 이 모든 것을 총체적 난국이라고 표현해도 무리가 없을 듯하다.

이 책은 교수자가 이와 같은 총체적 난국에 빠지지 않도록 하는 것은 물론, 가능하면 강의를 즐기고 잘 할 수 있는 방법을 공유하고자 쓰게 되었다. 특히 강의를 하는 교수자의 입장에서 정말 가려운 부분이라고 생각되는 것과 놓치면 안 되는 것들을 중심으로 구성했다.

그래서 이 책의 내용은 현장에서의 경험은 물론, 그 경험의 배경이 되는 교육학적·교육공학적 이론에 바탕을 두고 있다. 아울러 오랜 시간을 들여서 이해하고 숙지해야 하는 이론적인 내용을 설명하기보다는 바로 적용해 볼 수 있도록 실용적인 내용으로 접근했다.

강의는 예술이다. 교수자 고유의 콘텐츠와 스타일이 묻어나기 때문이다. 물론 그렇다고 해서 교수자의 마음이 내키는 대로 해도 된다는 것은 아니다. 만일 그렇게 한다면 예상치 못한 여러 가지 문제를 야기할 수 있으며 교수자의 기대와는 사뭇 다른 결과를 초래할 수도 있다.

이런 측면에서 보면 강의는 예술이기는 하지만 과학에 기반한 예술이라고 할 수 있다. 오랜 시간에 걸쳐 반복적으로 시도해 보고 적용해 본 교수 방법과 그 결과에 기반하여 교수자만의 스타일과 색이 묻어나야 한다.

모쪼록 이 책이 강단에 서는 교수자들에게 도움이 되기를 바라며 이로 인해 학습자들에게도 긍정적인 영향을 미칠 수 있는 단초가 되었으면 한다.

추천의 글

　누구나 강의는 할 수 있지만 좋은 강의는 누구나 할 수 없습니다. 좋은 강의는 누군가의 발전과 성공을 전제로 하기 때문입니다. 기본에 충실하고 튼튼한 내용과 세련된 문장을 만드는 일은 좋은 강의를 만드는 또 하나의 능력입니다. 이 점을 배우고 싶은 분들에게 꼭 필요한 책이라고 자신 있게 추천드립니다.

• 신제구 교수(서울과학종합대학원, 前대한리더십학회 회장)

　앞에 선다는 것은 쉬운 일이 아닙니다. 앞에 서서 무엇인가를 가르쳐야 한다면 더욱 그럴 것입니다. 하지만 누군가는 그 어려운 일을 쉽게 해내지요. 이 책은 그 어려운 일을 아주 쉽게 해내시는 분이 자신의 경험과 노하우를 차근차근 풀어낸 책입니다. 이 책의 여정을 따라가다 보면 어느 순간 조금은 더 자신감이 붙은 스스로를 발견할 수 있을 것으로 기대합니다. 이미 강단에 서는 분들에게는 스스로를 돌아보기 위한 체크리스트로, 아직 강단에 익숙하지 않은 분들에게는 하나하나 준비하기 위한 매뉴얼로 의미 있는 책이라고 생각합니다.

• 진영심 실장(KT그룹인재개발실)

저자의 오랜 강의 경험과 더 좋은 강의를 위한 그간의 고민이 고스란히 녹아 있는 책이다. 독자를 배려하여 최대한 쉽고 간결하게 글을 썼지만 이면에는 교수설계이론과 성인학습이론 등 결코 가볍지 않은 이론이 바탕을 이루고 있다. 교수자 입장에서 강의에 바로 적용할 수 있는 실질적이고 실용적인 팁이 돋보이며 향후 강의를 할 계획이 있는, 강의를 하고 있는, 혹은 강의를 더 잘 하고 싶은 분들에게 추천하고 싶은 책이다.

• 이재영 교수(이화여대 교육공학과)

처음 강단에 서서 나를 바라보는 수많은 눈동자들을 마주하고는 긴장감으로 심장이 두근거렸던 그 시절이 떠올랐다. 책을 읽는 내내 그때 나에게도 이런 강의법 팁이 있었다면 얼마나 좋았을까 하는 생각이 머릿속을 스치고 지나갔다. 이 책의 저자는 풍부한 경험과 노하우를 축적한 최고 수준의 교수자이다. 교육학과 교육공학적 이론과 실제에 기반한 교수법 노하우는 강의를 시작하거나 강의 수준을 조금 더 업그레이드 하고 싶은 교수자들에게 더 나은 강의를 향한 방향성을 제시해 줄 것이다.

• 황영아 박사(경기대 연구교수)

이 책은 '무조건 강의에 성공하는 법'을 알려주지 않습니다. 오히려 학습자들과 편하게 소통하여 '최소한 강의에 실패하지 않는 법'을 실용적인 팁들과 함께 알려주려 합니다. 이 책의 흐름대로 따라간다면 분명 그 끝에서는 하루빨리 강단에 서고 싶은 마음이 당신에게도 생길 겁니다.

• 정주현 책임매니저(현대모비스)

강단에 서서 이야기를 하고 학습자에게 내용을 전달하고 이해시키는 것은 쉬운 일이 아니다. 두렵기도 하고 자신감이 사라지기도 한다. 하지만 이 책에서 제시한 내용만 잘 새긴다면 누구나 멋진 강사나 교수가 될 수 있을 것 같다. 유능한 주술사에게 마법에 걸린 듯 홀려서 읽어 내려간 책이다. 교수자마다 나름의 강의법이 있지만 이렇게 간

단명료하게 자신의 강의법을 정리할 수 있을까? 이제 얼마 후면 첫 강단에 서는 아내에게 이 책을 권유해 주고 싶다. 강단에 설 수 있는 자신감을 얻을 수 있으리라.

• 장좌천(해군사관학교)

강의 스킬과 기법을 알려주는 이론서들은 이미 수없이 나와 있다. 하지만 이론과 실제의 괴리감으로 현실적인 교수 상황을 제대로 반영하지 못한 아쉬움에 실전서들을 찾아보곤 한다. 그러나 현장에 경험을 생생하게 담은 실전서들을 찾기란 더욱 힘들뿐더러 찾더라도 불필요한 메시지를 담고 있어 불편한 것은 매한가지이다. 이런 교수자들의 아쉬움과 목마름을 말끔하게 해갈시켜 줄 오아시스와 같은 책이다. 저자의 교수 경험을 가감 없이 풀어낸 이 책은 당신의 강의를 바꿔 줄 뿐만 아니라 교수자의 인생을 바꿔 줄 수 있을 것이라고 감히 자부할 수 있다. 강의에 어려움을 겪고 있는 교수자들에게 일독을 권한다.

• 박상욱 프로(삼성물산 리조트부문, 교육공학 박사)

목차

개정판을 내며 독자들에게 보내는 편지 • 5
들어가는 말 • 8
추천의 글 • 13

1장 — 교수자의 마인드

어떤 마음으로 앉아 계십니까 • 23
유능한 교수자에게는 어떤 역량이 있을까요 • 27
성인 학습자는 무엇이 다른가요 • 32
성인 학습자에게는 어떤 교수 전략이 필요한가요 • 36

2장 — 강의 시작 전 확인 사항

물리적 측면에서 확인해야 할 것은 무엇인가요 • 43
심리적 측면에서 확인해야 할 것은 무엇인가요 • 46
언어적 측면에서 하지 말아야 할 것은 무엇인가요 • 50

3장 — 언어적 강의 스킬

학습자와의 상호작용은 어떻게 해야 하나요 • 57
학습자에게 어떻게 말해야 하나요 • 62
학습자들이 기억하게 하려면 어떻게 해야 하나요 • 65
질문에 반응하게 만들기 위해서는 어떻게 해야 하나요 • 68
학습자에게 어떻게 반응해야 하나요 • 72
무엇부터 말해야 하나요 • 75

4장 — 비언어적 강의 스킬

강의장에는 왜 거울이 없나요 • 81
학습자들과는 눈맞춤을 어떻게 해야 하나요 • 85
학습자들에게 강조하려면 어떻게 해야 하나요 • 88
의상에도 신경을 써야 하나요 • 91

5장 — 교안 구성

무엇을 다루어야 하나요 • 97
강의 내용을 어떻게 구성해야 하나요 • 100
어떻게 해야 학습동기를 이끌어 낼 수 있을까요 • 103
어떻게 해야 학습자들을 지치지 않게 할 수 있나요 • 108
어떤 사례를 쓰면 좋을까요 • 112
강의의 마무리를 어떻게 하면 되나요 • 115

6장 — 교안 제작

교안은 꼭 필요한가요 • 121
강의 제목이 중요한가요 • 124
교안은 예쁘게 만들어야 하나요 • 127
교안에 이미지나 영상 자료가 꼭 있어야 하나요 • 130
교안의 내용은 어떻게 작성하면 될까요 • 133
교재와 교보재는 꼭 준비해야 하나요 • 137

7장 — 온라인 강의

온라인 강의는 다른가요 • 143
온라인 강의 교안은 어떻게 구성해야 하나요 • 147
온라인 강의 콘텐츠는 어떻게 만들면 좋을까요 • 151
온라인 강의 시 고려해야 할 내용은 무엇인가요 • 155

8장 — 사내강사

사내강사의 역할은 무엇인가요 • 161
사내강사를 운영하면 효과가 있나요 • 165
사내강사를 어떻게 육성해야 하나요 • 168
사내강사가 주의해야 할 점은 무엇인가요 • 172

나가는 말 • 177
이 글을 먼저 읽어보신 분들의 이야기 • 180
더 나은 강의를 위해 읽어볼 만한 도서 • 188
부록 : 강의를 시작하는 당신이 확인해봐야 할 체크리스트 • 193

1장

교수자의 마인드

어떤 마음으로 앉아 계십니까

강의장에 들어온 학습자들에게 이 질문을 던져보면 '받아야 하는 교육이라서' '가라고 해서' '쉬고 싶은 마음으로' 등의 이야기가 나온다. 이와 같은 말을 한 문장으로 함축하면 학습자들은 그냥 앉아 있는 것이다.

학습자들의 이와 같은 반응은 어찌 보면 너무나 자연스럽다. 교육받으러 온 사람의 마음 한구석에는 교육받기 싫은 마음과 학습에 대한 소극적인 마음이 있기 마련이다. 이를 'Unschooled mind'라고 명명하기도 한다.

중요한 것은 학습자가 이와 같은 마음으로 앉아 있다는 것을 교수자가 아는 것이 강의의 시작점이라는 것이다. 그래서 강의는 교육받기 싫거나 소극적인 학습자들의 마음을 교육받고 싶은 마음 그리고 교육에 대한 적극적인 마음이라고 할 수 있는 'Schooled mind'로 바꾸는 것이 관건이다.

교육educate의 어원은 라틴어인 에듀카레educare인데 그 의미는 무엇인가를 이끌어 낸다는 것이다. 그렇다면 강의에서 이끌어 내야 하는 것은 무엇일까?

결론부터 말하자면 강의에서는 학습자들의 학습 동기 그리고 학습한 내용을 현업이나 일상에서 적용해 보고자 하는 실행 의지 등을 이끌어 내야 한다. 역으로 생각해 보면 강의는 교수자가 가지고 있는 지식이나 경험을 끄집어 내는 자리는 아니라는 것이다.

학습자들의 학습 동기나 실행 의지를 이끌어 내는 것은 교수자가 가지고 있는 콘텐츠적 측면에서의 지식이나 경험만으로는 쉽지 않다. 학습자들이 교육을 받고 학습하는 데 즐거움을 느껴야 한다. 즐거워야 무엇인가를 해 볼 가능성이 높아진다. 그리고 즐거워야 지속된다. 그래야 학습전이도 기대해 볼 수 있는 것이다.

즐거움을 느끼기 위해서는 몇 가지 선행되어야 하는 조건이 있다. 우선 시켜서 하는 일이 아니어야 한다. 다시 말해 자발성이 있어야 한다. 아무리 좋은 것도 누군가가 시켜서 하는 것이라면 이내 싫증이 나거나 시작하기 전부터 부정적인 생각에 휩싸이게 된다.

다음으로는 주도성이 필요하다. 자신이 선택할 수 있고 참여할 수 있어야 한다. 하다못해 TV 보는 것을 즐기는 경우라도 리모컨이 내 손에 있고 채널을 선택할 수 있어야 즐겁지 그렇지 않은 경우라면 즐거움은 반감되는 것과 마찬가지다. 강의도 마찬가지다. 교수자 스스로가 강의하는 것에 즐거움을 느껴야 학습자들의 마음을 움직일 수 있다.

교수자로서 자발성과 주도성을 갖기 위해 필요한 것은 한마디로 강의 역량이다. 역량은 일반적으로 지식knowledge, 기술skill, 태도attitude로 이루어져 있다. 이에 비추어 보면 강의 역량이란 교수법에 대한 지식, 강의 스킬 그리고 교수자로서 가져야 할 태도라고 할 수 있다.

이 중 한 가지라도 부족하거나 결여된 경우라면 강의에 대한 즐거움을 느끼기 어렵다. 마치 축구를 즐기려면 규칙을 아는 것은 물론, 경기장에서 일정 수준 이상의 패스, 드리블, 킥을 할 수 있는 기술과 함께 축구를 하고 싶은 마음이 있어야 하는 것과 같다.

당연한 말이지만 축구 규칙을 모르거나 기술이 부족하거나 억지로 떠밀려서 하게 되면, 축구에 대한 즐거움을 느끼지 못한다. 이와 마찬가지로 교수자로서 강의를 즐기고 싶고 강의를 듣는 학습자들 역시 즐거움을 느끼게 하려면 앞서 제시한 강의 역량을 보유하고 향상시켜야 한다.

유능한 교수자에게는 어떤 역량이 있을까요

강의를 잘하는 교수자들에게는 공통적인 역량이 있다. 강의에 대한 자신감, 강의 내용에 관한 해박한 지식 그리고 최적화된 교수법이다.

강의에 대한 자신감

강의에 대한 자신감은 유능하다고 여겨지는 교수자들이 기본적으로 갖고 있는 특징이다. 이는 강의하고자 하는 내용에 대한 확신에서 비롯된다. 확신은 저절로 생겨나지 않는다. 강의 내용에 대한 치밀한 연구와 조사 그리고 경험 등에 기반한다. '이 정도쯤이면 되겠지'라는 생각은 교수자 스스로가 파는 함정이다.

단순히 강의 내용을 숙지하거나 암기하는 정도로는 자신감이 나타나지 않는다. 이는 교수자의 강의에 대한 자신감은 말로 전달되는 것이 아니라는 것을 의미한다. 학습자들은 교수자의 청산유수 같은 말이 아니라 자신들 앞에 서 있는 교수자의 모습에서 자신감을 느낀다.

이러한 자신감은 철저한 준비 과정이 있어야만 얻을 수 있다. 자신감은 준비하는 시간과 비례한다. 만일 새로운 내용에 대한 강의를 해야 한다면 준비 시간은 실제 강의 시간의 10배 정도를 투자할 필요가 있다. 예를 들어 1시간을 강의한다면 준비 시간으로는 10시간 정도를 할애해야 한다는 것이다. 10시간 안에는 강의 내용 확인, 수정, 보완 등도 포함되고 강의 시간과 동일한 시간의 리허설도 포함된다. 물론 처음에는 이 정도의 시간이 필요하겠지만 연습을 반복하다 보면 점차 준비 시간은 단축될 것이다.

강의 내용에 대한 해박한 지식

해박한 지식은 단순히 해당 내용에 대한 지식에만 국한되는 것이 아니다. 지식을 보유하고 있는 것만으로는 부족하다. 강의하고자 하는 내용과 직간접적으로 관련된 학습자들의 질문에 답할 수 있어야 한다.

스스로 확인할 수 있는 방법도 있다. 강의하는 내용에 관해 예를 들어 설명할 수 있다면 해당 지식을 보유하고 있다고 볼 수 있다. 직간접적으로 관련된 사례까지 들 수 있다면 더할 나위가 없다.

어떤 개념이나 내용에 대해 사례를 들어 설명할 수 있다는 것은 교수자가 그 내용을 거의 완벽하게 이해하고 있다는 것을 의미한다. 만일 그렇지 않다면 지식을 전달하는 수준에서 벗어나기 어렵다.

지식은 한 번에 축적되지 않을 뿐더러 한 번에 축적된 지식은 휘발성이 강하다. 따라서 유능한 교수자가 되고자 한다면 스스로 학습하는 것이 습관화되어야 한다. 독서는 지식을 축적하는 기본적인 방법 중 하나다.

강의하고자 하는 콘텐츠와 관련된 원론서나 개론서를 보는 것은 두말할 나위도 없다. 단행본에만 국한된 독서만으로는 부족하다. 강의 내용과 연계된 논문도 읽어야 하고 각종 포럼이나 세미나, 학술대회 등에서 발표되는 자료도 탐독해야 한다. 요약본이 있다면 의존할 것이 아니라 전체 내용을 보고 스스로가 요약해 보아야 한다.

최적화된 교수법

최적화된 교수법은 학습자 중심의 교수법을 의미한다. 과거에도 그랬고 지금도 그렇지만 교수자에 의한 일방향적인 교수법은 효과가 크지 않다. 교수자 자신은 만족할지 몰라도 학습자의 만족은 보장하기 어렵다. 더군다나 강의 시간이 길어지면 더 그렇다.

최적화된 교수법을 적용하기 위해서는 학습자에 대해 아는 것이 먼저다. 학습자의 연령대는 어떻게 되는지, 남성과 여성의 비율은 어느 정도인지, 어느 분야에 속해 있는지 등은 물론, 요즘 관심을 두고 있는 분야는 무엇인지 등과 같은 다소 큰 범주에 대해서도 알고 있어야 한다. 교수자가 이와 같은 학습자에 대한 정보를 인지하고 있다면 어떤 사례가 적합한지 그리고 어떤 방법이 보다 효과적일지 추정할 수 있고 준비할 수 있다.

그러나 사전에 이와 같은 정보를 아는 것은 쉽지 않다. 그리고 많은 경우 다루어야 할 내용에 비해 강의 시간도 녹록지 않다. 그렇다고 해서 이런 이유 등을 들어 교수자가 준비한 내용을 주어진 시간 내에 일방적으로 쏟아붓고 강의장을 나가는 상황을 만들어서는 안 된다.

방법은 있다. 교수자와 학습자 간 상호작용이 일어나

도록 만드는 것이다. 해당 강의 내용에 대한 질문은 물론, 토의나 토론의 장을 마련해 보는 것이다. 수많은 학습자가 강당 등과 같은 장소에 앉아 있더라도 가능하다. 몇몇에게만 묻고 의견을 듣는 것만으로도 효과가 있다. 강의하는 동안 계속 이렇게 할 수는 없겠지만 정말 중요한 내용은 이렇게 해야 한다. 그리고 중요한 내용은 반드시 학습자의 입으로 나와야 한다. 자신의 입을 통해 나온 내용은 자신의 것이 되기 때문이다.

성인 학습자는 무엇이 다른가요

성인을 대상으로 하는 강의는 아동이나 청소년을 대상으로 하는 강의와 여러 측면에서 다른 점이 많다. 이는 성인교육을 할 때 고려해야 하는 점을 간과하지 말아야 한다는 것을 의미한다.

단순하게 생각해 보면 아동·청소년과 성인은 여러 측면에서 차이가 있는데 이는 학습 장면에서도 나타난다.

교육 대상으로서의 아동이나 청소년은 주로 교수자의 지식이나 경험에 의존하는 경우가 많다. 상황이 이렇다 보니 교수자가 주도하는 학습의 형태를 보이게 되고 교육의 목적 또한 지식 전달에 중점을 두게 된다. 당연히 아동이나 청소년 학습자들은 교수자에게 의존하게 되고 교수자의 역량에 따라 학습 결과는 천차만별이 되는 경우가 발생한다. 학창 시절 같은 교과서로 같은 내용을 배울지라도 어떤 교사에게 배우냐에 따라 성적이 달라지는 경우나 해당 교과목에 대한 관심이 생기거나 없어지는 경우를 회상해 보면 된다.

반면 성인 학습자는 아동이나 청소년 학습자와는 달리 자신들이 가지고 있는 지식이나 경험에 비추어 접근하는 경우가 많다. 성인 학습자 스스로가 학습에 참여하는 주체가 되는 것이다. 교육의 목적 역시 지식 습득보다는 지식을 응용하고 적용하는 데 있고 성인 학습자 간 관계를 형성하는 것도 무시할 수 없다. 따라서 성인 학습자를 대상으로 하는 교수자에게는 교육 내용에 대한 전달력도 중요하지만, 오히려 성인 학습자를 학습 장면에 자발적으로 참여시키고 능동적으로 학습할 수 있도록 상황을 조성하는 능력도 필요하다.

이렇게 하기 위해서는 성인 학습자들이 지닌 몇 가지 특징들을 알고 있어야 한다.

우선 성인 학습자는 **목표 지향적**이라는 사실을 잊지 말아야 한다. 성인 학습자들에게 있어 목표란 배우는 내용이 현재 자신이 하고 있는 일이나 자신의 미래에 직접적으로 영향을 주는 것을 말한다. 학습 내용이 자신의 목표와 일치한다면 시키지 않아도 교육에 적극적으로 임하게 된다. 각종 자격증 취득이나 인증과 관련된 교육 등이 하나의 예다.

역으로 학습 내용이 단순히 알면 좋은 것 혹은 알아두면 언젠가는 도움이 될 것이라는 정도라면 학습자의 참여를 기대하기 어렵다. 따라서 해당 강의가 어떤 측면에서 학습자들에게 직접적인 영향을 미치는지에 대해 알려주는 것은 필요하다.

성인 학습자의 두 번째 특징은 **학습 지향적**이라는 점이다. 앞서 제시한 목표가 분명하다면 자연스럽게 연결되는 특징이기도 하다. 그렇기 때문에 성인 학습자를 대상으로 교육을 하는 경우라면 명확한 목표에 기반해 접근해야 한다. 학습에 무관심하거나 수동적인 모습을 보이는 학습자는 원래 그런 사람이라기보다는 제시된 목표가 불분명하거나 학습자 자신에게 적합하지 않기 때문이라고 볼 수 있다.

마지막으로 성인 학습자는 **활동 지향적**인 특징이 있다. 활동이라고 해서 신체를 움직이는 것을 말하는 것은 아니다. 동료 학습자들과 대화를 하거나 아이디어를 공유하는 것과 같은 활동을 의미한다. 그리고 이를 통해 자신의 지식이나 경험을 나누는 것을 비롯해서 새로운 사람들과의 관계를 형성하고 그 과정에서 관심 영역을 넓히고 네트워킹을 확장하는 것을 의미한다.

    강의 현장에서 성인 학습자들에게 이와 같은 여건을 조성해 준다면 학습에 대한 몰입도와 효과는 배가될 수 있다. 주의해야 할 점이 있다면 이와 같은 활동이 단순한 친교의 목적으로만 전개되지 않도록 하는 것이다.

성인 학습자에게는 어떤 교수 전략이 필요한가요

50 / 6 / 15

성인 학습자를 대상으로 하는 강의를 하는 교수자는 반드시 이 숫자들을 기억하고 적용해야 한다.

50

교육 시간을 의미한다. 정확하게는 50분을 의미하는데 **교육 시간은 50분 단위로 편성해야 한다는 것이다.** 일반적으로 1교시 교육 시간을 50분으로 정하고 있다. 이는 성인 학습자가 의자에 앉아서 교수자의 말을 집중해서 들을 수 있다고 여겨지는 시간이다. 성인 학습자가 앉아서 잘 들고 있을 수 있는 시간이 50분이니 아동이나 청소년을 대상으로 한다면 이 시간은 조금 더 단축될 것이다. '1교시'라는 같은 단위를 사용하고 있지만 초등학교 저학년의 1교시 교육 시간은 40분 내외다.

한편 숫자 50이 가지고 있는 의미는 교육 시간을 정확하게 50분으로 채우라는 것은 아니다. 50분을 넘지 말아야 한다는 것으로 이해해야 한다. 교육을 시작한 지 50분이 넘어가는 순간부터 학습자들의 집중도는 현저히 감소하기 때문이다.

가끔 교육 현장에서 50분이 유명무실한 경우가 종종 있다. 좋게 해석하면 교수자의 열정 때문이다. 그러나 학습자는 이런 상황을 교수자의 열정으로 받아들이기보다는 준비 부족으로 인식하게 된다. 50분이 넘어가는 순간에도 '마지막으로' '끝으로' '정말 중요한 내용인데' 등으로 시작되는 내용은 교수자의 생각이나 의도와는 달리 학습자들에게는 잘 들리지 않는다.

6

소그룹으로 편성되는 최대 인원을 의미한다. 6명은 서로가 서로를 볼 수 있고 대화할 수 있는 범위 내에 있는 규

모이다. 그리고 교육 중 토의나 토론 등을 비롯해서 학습자 간 원활한 상호작용이 일어날 수 있는 학습 환경이다. 그래서 대부분의 강의장에는 T자형으로 책상과 의자가 배치되어 있는데 각 책상에 두 명씩 앉아 서로를 마주보게 되어 있는 형태다.

이를 간과하고 소그룹으로 편성되어 있는 인원이 7명을 넘어가는 순간 문제가 발생한다. 일명 방관자가 생기게 되는 것이다. 방관자는 본인이 학습을 방해하지 않는다고 생각하지만 참여하지 않는 것 자체가 다른 참여자들에게 방해가 된다. 학습 분위기에도 부정적인 영향을 미치며 스스로에게도 도움이 되지 않는다. 만일 학습자가 14명이라면 7명씩 두 개 소그룹으로 나눌 것이 아니라 5명, 5명, 4명으로 구분하여 6명 이하의 소그룹 세 개로 편성하는 것이 적절하다.

한편 소그룹으로 편성되는 최소의 인원은 세 명이다. 두 명씩 짝을 지으면 시너지synergy가 발생할 가능성이 적다. 적어도 세 명이 편성되어야 서로 다른 의견과 아이디어가 교류된다.

15

교수학습 방법적인 측면에서 변화 기준이 되는 시간이다. 이른바 집중 시간attention span인데 개인별 차이가 있지만 평균적으로는 15분 내외다. 다시 말해 한 가지 교수학습 방법으로 15분을 넘기지 말아야 한다.

예를 들어 교수자에 의한 강의로 시작했다면 15분이 지나는 시점에서는 다른 방법을 써야 한다는 것이다. 이를테면 학습자들이 토의를 하게 하는 것이다. 이 역시 15분을 넘기는 일이 없도록 해야 한다. 만약 토의 시간을 여유 있게 30분 정도 부여한다면 최초 10분에서 15분 정도는 해당 주제에 대한 토의를 하겠지만 이후 시간은 주제와 무관한 신변잡기적인 내용으로 시간을 소모할 가능성이 크다. 그리고 토의 시간 15분이 지난 후에는 발표 시간을 15분 정도 부여하는 방식으로 매 15분마다 교수학습 방법에 변화를 주어야 한다.

아무리 강의를 잘 한다고 해도 동일한 형태의 교수학습 방법은 학습자들의 주의를 분산시키게 된다. 수년 전부터 화제가 되고 있는 대부분의 온라인 강의들은 15분 내외로 편성되어 있는 것을 확인할 수 있다. 저명한 교수자임에도 불구하고 말이다. 이유는 있다. 바로 학습자의 집중 시간을 고려한 것이다. 교수자의 강의라는 단일 형태로는 좋은 내용일지라도 학습자들의 집중을 지속시키는 것이 어렵기 때문이다.

2장

강의 시작 전 확인사항

물리적 측면에서 확인해야 할 것은 무엇인가요

'시작이 반이다'라는 말은 여러 상황에서 적용된다. 물론 강의에서도 마찬가지다. 그런데 강의에서는 그 시작점이 다르다.

강의의 시작은 교수자로서 강단 앞에 선 순간이 아니라 학습자들이 강의장에 들어오기 전부터다. 옷을 제대로 입기 위해서는 첫 단추를 잘 끼워야 하듯이 강의를 제대로 하려면 강의하는 데 영향을 미치는 각종 물리적인 측면을 살펴봐야 한다.

첫째, **강의안을 백업**back-up해 놓는 것이다. 특별한 경우가 아니라면 대개는 노트북에 저장된 교안 파일을 활용하게 된다. 그런데 기기의 문제나 파일의 문제 등으로 노트북에 저장된 교안 파일을 사용할 수 없게 되는 경우도 발생할 수 있다. 물론 파일이 없어도 강의할 정도로 연습해서 강단에 서야겠지만 그것과는 별개로 파일에 문제가 생기면 난감하다. 강의 중간에 파일에 문제가 생겨도 마찬가지다. 이런 상황에 처하게 되면 흐름이 깨지는 것은 물론이고 대처하기도 만만치 않다.

그래서 저장된 교안 파일은 반드시 백업을 해 놓아야 한다. 별도의 보조기억장치에 저장하거나 자신의 이메일로 교안 파일을 보내 놓는 것도 한 방법이다.

둘째, 강의장에 설치된 **각종 장비를 확인**하는 것이다. 교수자의 노트북과 강의장에 비치된 빔 프로젝터를 미리 연결해 보는 것은 물론, 강의 중 마이크를 사용한다면 음량도 확인해야 한다.

만약 강의 내용 중 학습자들에게 보여 줘야 하는 영상물이 있다면 해당 강의장에서 미리 시연해 보는 것은 두말할 나위도 없다. 자신의 노트북에서는 잘 나왔지만 강의장에 설치된 장비와 연결했을 때 설정이 맞지 않는 경우도 있기 때문이다.

이때 교수자는 강단이 아니라 학습자가 앉아 있는 위치에서 확인해야 한다. 당연한 말이지만 교수자가 준비한 자료들은 자신이 보기 위함이 아니라 학습자에게 보여 주고 들려주기 위함이기 때문이다.

셋째, **강의장 환경을 확인해야** 한다. 강의장 내에 있는 조명과 냉난방 시스템은 물론 블라인드에 이르기까지 강의장에서 학습자가 요구하거나 불편을 겪는 상황 등을 예상해 보고 만약 요청이 있다면 교수자가 바로 해결해 줄 수 있어야 한다.

물론 강의장에는 교수자와 학습자 외에도 교육 운영을 담당하는 사람이 있다. 하지만 강의 시간 내내 강의장에 대기하는 경우가 많지 않기 때문에 강의 중 학습자의 요구에 즉시 대응하지 못할 수도 있다. 교육 내용과 무관한 요구라고 할지라도 학습자의 불편을 방치한 채 강의를 이어 나가는 것보다는 해결하고 진행하는 편이 바람직하다.

심리적 측면에서
확인해야 할 것은 무엇인가요

    강의 현장은 교수자와 학습자 간 상호작용이 이루어지는 곳이다. 이런 점을 감안하면 강의의 시작은 학습자와의 좋은 관계를 형성하는 것부터라고 해도 과언은 아니다. 그리고 그 시작은 학습자와의 사회심리적 거리를 좁히는 것이다.

    사회심리적 거리는 자신을 기준으로 대략 반경 30cm, 1m 그리고 3m 정도로 나누어진다. 이 거리는 자신과 상대방의 관계, 즉 친밀도에 따라 산정된 거리다. 인류학자 에드워드 홀Edward T. Hall은 거리를 기준으로 개인의 공간을 '친밀한 공간, 개인적 공간, 사회적 공간, 공적 공간'으로 구분하였는데, 이와 다르지 않다.

먼저 반경 30cm 내에 있어도 되는 관계가 있다. 가족이나 연인이 대표적이다. 이들은 자신에게 더 가까이 다가와도 심적인 부담이나 거리낌이 없다. 거리를 조금 넓혀 1m 정도 되는 거리에 있을 때 편안한 관계인 사람들이 있다. 동료나 친구 정도다. 이들과의 심리적 거리는 1m가 적당하지만 거리가 좁혀지면 다소 불편함을 느끼게 되는 경우도 있다.

이와 달리 강의장에서 처음 만나는 학습자들은 이런 관계가 형성되지 않은 상태다. 이 경우에 심적으로 편안한 거리는 서로 3m 정도다. 그래서 처음 만난 교수자와 학습자 간 심적으로 편안한 거리는 3m 정도 떨어져 있을 때다. 실제로 강의장에 들어가 보면 교수자가 서 있는 강단과 학습자들의 중간 정도의 거리가 대략 3m인 경우가 많다.

문제는 이 거리를 좁히지 못하면 학습자와 상호작용이 쉽지 않다는 것이다. 교수자가 학습자에게 다가가기 어렵고 학습자 역시 부담스럽기는 마찬가지다. 이와 같은 거리를 좁힐 수 있는 사람은 강의장 내에서는 교수자뿐이다. 학습자가 먼저 교수자와 거리를 좁히기 위해 노력하는 경우는 거의 없다.

이를 해결하기 위해서는 **학습자와 교수자 간 라포**

rapport를 형성해야 한다. 라포는 친밀감 정도로 인식하면 된다. 이 용어는 주로 상담심리학에서 사용되어 왔지만 지금은 관계 형성과 관련해서 범용적으로 사용된다.

교수자가 학습자와 라포를 형성하는 수많은 방법들이 있다. 그러나 그 방법들이 모든 사람들에게 적용되거나 효과가 있는 것은 아니다. 사람마다 받아들이는 정도가 다르기 때문이다. 그런데 학습자와 라포를 형성하는 방법을 일일이 열거하지 않아도 될 정도로 간단한 방법이 있다.

바로 교수자가 학습자를 자신의 집으로 초대한 손님으로 생각하고 대하는 것이다. 학습자를 교수자 자신이 초대한 손님으로 생각하면 만나기 전부터 무엇을 해야 하는지 그리고 처음 만나면 어떤 말을 하고 어떻게 대해야 하는지를 명쾌하게 알 수 있다.

자신이 초대한 손님이 집으로 들어오면 멀뚱멀뚱 바라보고만 있지는 않을 것이다. 표정도 무표정하게 짓지 않을 것이고 상대방을 곤란하게 하거나 심각한 주제를 대화의 소재로 삼지도 않을 것이다.

교수자가 먼저 학습자에게 다가가 반갑게 인사도 하고 간단한 대화도 나눌 것이며 친절하게 대해 줄 것이다. 교수자가 이와 같이 말하고 행동하는 것이 학습자와의 라포를 형성하는 방법이다. 교수자는 학습자 위에 군림하는 사람이 아니다. 학습자의 학습 의지를 끌어올리고 학습을 도와주고 지원하는 사람이다.

학습자와의 라포가 형성되면 교수자나 학습자 모두 서로에게 다가가는 것에 대한 부담감이 해소된다. 이렇게 되면 교수자의 질문에 대한 반응도 생기고 역으로 학습자가 교수자에게 스스럼없이 질문도 할 수 있게 된다. 교수자는 학습자들의 토의 장면에 들어갈 수도 있고 피드백을 주고받는 것에서도 자유로워진다.

다만 이 모든 상황이 교육이 시작되기 전에 조성되어야 한다. 그래서 교육의 시작은 그 출발점이 다르다.

언어적 측면에서 하지 말아야 할 것은 무엇인가요

물리적 측면과 심리적 측면에서 준비와 확인을 마쳤다면 남은 것은 언어적 측면에서 하지 말아야 할 것을 준수하는 것이다.

강의를 시작하기 전 많은 준비와 노력을 했지만 강단에 선 교수자의 첫 마디가 이 모든 것을 수포로 만들 수 있다. 교수자가 강의를 하면서 해서는 안 될 말들이 있는데 대개 의도적으로든 비의도적으로든 강의를 시작하기에 전에 내뱉는 말이다.

"준비한 내용이 별로 없어서"

교수자의 강의를 듣고자 앉아 있는 학습자들이 교수

자로부터 처음 듣게 되는 말이 준비한 내용이 별로 없다는 것은 기가 막힐 노릇이다. 직접 표현하지는 않겠지만 학습자들은 이렇게 생각할 것이다. '준비한 내용이 없는데 왜 거기에 서 있나요?'

"원래 하기로 한 사람 대신 왔는데"

도대체 이런 말이 강의에 어떤 도움을 줄까를 생각해 보면 하지 말아야 하는 이유를 바로 알 수 있다. 이런 말을 들은 학습자들의 생각은 어떨까? 아마도 '그럼 원래 하기로 한 사람 오라고 하세요'라는 생각을 하지 않을까?

"이번 강의가 처음이라서"

정말 강의가 처음이라도 이런 말은 아무런 도움이 되지 않는다. 이런 말은 '제 차에 탑승해 주셔서 감사합니다. 그런데 제가 오늘 운전을 처음 하거든요'라는 말과 다를 바 없다. 이런 말을 건넨 운전자와 복잡한 거리, 장거리를 편안하게 이동할 수 있을까?

"앞에 서니 떨리네요"

떨리는 이유의 대부분은 준비 부족이다. 이런 말을 학

습자들에게 하는 순간 교수자 스스로 준비가 부족하다는 것을 고백하는 것이다. 실제로는 많은 준비를 했음에도 불구하고 말이다.

최악의 상황은 이 모든 말들을 한 번에 다하는 것이다. "안녕하세요. 이번 강의를 맡은 ○○○입니다. 그런데 제가 준비한 내용이 별로 없어서요. 그리고 사실은 원래 하기로 한 사람이 있는데 사정이 생겨 제가 대신 왔습니다. 이번 강의가 처음이라 몹시 떨리네요."

강의를 시작하는 교수자에게 이와 같은 말을 들은 학습자들은 어떤 생각을 하게 될까? 강의 내용에 대해 신뢰를 가질 수 있을까? 교수자의 전문성에 대해서는 의심이 들지 않을까?

이와 같은 말을 부지불식간에 했다는 교수자들을 만나 보면 공통적인 이유가 있다. 그것은 이렇게 말하고 강의를 시작하면 강의 중에 사소한 실수가 있더라도 학습자들이 이해해 줄 것 같다는 것이다. 그러나 학습자들은 그렇게 생각하지 않는다. 앞에 서 있는 교수자를 신뢰하지 않으며 시간을 아까워한다. 교육 내용에 대한 기대도 없어진다. 강의를 시작하기도 전에 말이다.

그래서 이런 종류의 말들은 절대로 해서는 안 된다. 그럼에도 불구하고 굳이 하고 싶다면 시점을 달리해 보자. 강의가 모두 끝난 후에 말이다.

3장

언어적 강의 스킬

학습자와의 상호작용은 어떻게 해야 하나요

교육에 대한 몰입 여부는 교수자와 학습자 간 상호작용 빈도와 정도에 달려 있다. 강의 현장에서 교수자와 학습자의 상호작용은 대개 언어적 측면에서 이루어진다. 특히 교수자의 질문은 학습자와의 상호작용을 하는 데 있어 필수불가결한 요인이다.

그런데 교수자가 던지는 질문에 대해 학습자의 반응은 만족스럽지 못한 경우가 많다. 답을 몰라서라기보다는 답을 잘 하지 않기 때문이다. 그래서 교수자의 질문은 전략적이어야 한다.

전략적인 질문이란 **학습자가 반응할 수 있는 질문을** 의미한다. 이를 위한 방법 중 하나는 쉬운 질문을 하는 것이다. 쉬운 질문은 답이 명확한 질문이다.

라디오를 청취하다 보면 청취자를 대상으로 질문을 하는 코너가 있다. 그야말로 답이 뻔히 보이는 질문이다. 왜 이렇게 쉬운 질문을 던질까? 선물을 많이 주려고? 아마도 그것보다는 더 많은 청취자를 참여시키기 위해서일 것이다.

쉬운 질문에는 답을 하는 것도 쉽다. 학습자도 마찬가지다. 어려운 질문, 생각을 많이 해야 하는 질문 그리고 답이 보이지 않는 질문 등에는 쉽사리 답을 하지 못한다. 쉬운 질문은 질문의 내용에만 국한되지 않는다. 답의 형식도 포함된다. 아무리 쉬운 질문이라도 주관식으로 답을 해야 하는 경우라면 어렵게 느껴진다. 이를 해결할 수 있는 방법은 객관식으로 묻는 것이다. 더 많은 참여를 이끌어 내고자 한다면 진위형으로 물어 보는 것도 좋다.

그런데 이렇게 쉬운 질문도 처음에는 답을 하는 데 주저하게 된다. 잘 알고 있는 내용일지라도 갑작스럽게 물어 보는 경우 생각이 잠시 멈추는 현상을 떠올려 보면 된다.

질문을 하기에 앞서 잠시 **생각해 볼 수 있는 질문**을 던져야 한다. 이 질문에 대해서는 학습자들의 답을 구할 필요는 없다. '사과'라는 답을 이끌어 내야 하는 경우 '좋아하는 과일 있죠?'와 같은 질문이다. 이 질문은 학습자들로부터 '예' '아니요'를 듣기 위한 질문이 아니다. 다음에 할 본격적인 질문이 과일과 관련된 것이라는 것을 암시하는 질문이다. 이러한 질문을 먼저 던지면 학습자들은 자연스럽게 과일에 대한 생각을 하게 되고 이어지는 질문에 답을 하기가 보다 수월하다.

그리고 **정답이 핵심 내용과 연계된 질문**을 해야 한다. 즉 질문을 통해 얻고자 하는 답은 교육 내용에서 다루고 있는 핵심이어야 한다. 답을 하는 과정에서 학습자가 해당 내용에 대해 생각하게 만들어야 하기 때문이다. 이렇게 하기 위해서는 질문을 먼저 만드는 것이 아니라 답을 먼저 정한 후 거꾸로 질문을 만들어야 한다.

한편 강의 현장에서는 교수자만 질문하지는 않는다. 학습자 역시 교수자에게 질문하는 경우도 있다. 학습자로부터 질문을 받게 되면 교수자는 바로 답을 하기보다는 학습자의 질문을 활용해야 한다.

학습자로부터 받은 질문은 크게 교수자가 답을 아는 경우와 잘 모르는 경우로 나누어진다. 두 가지 경우 모두 활용해야 한다. 활용하는 방법은 크게 다르지 않다.

먼저 교수자가 답을 아는 경우라고 할지라도 학습자

로부터 받은 질문은 전체 학습자에게 다시 던질 필요가 있다. 이는 축구 선수들이 공을 패스하는 것과 같다. 학습자들과 일종의 티키타카tiqui-taca를 하는 것이다. 패스가 잘 이루어지면 경기가 잘 풀리듯이 질문도 서로에게 패스하면 모두의 관심을 이끌어 낼 수 있다.

학습자로부터 받은 질문을 다른 학습자에게 패스하면서 의견을 듣는 과정에서 교수자가 말해야 할 답이 나오는 경우가 많다. 그렇다면 교수자는 답을 해 준 학습자의 의견에 동의하면 된다. 부연설명이 필요하다면 그 정도만 첨언하면 된다.

이렇게 되면 비록 한 명의 학습자로부터 나온 질문이지만 모두가 공유할 수 있고 생각할 수 있게 된다. 그리고 이와 같은 방법을 사용하면 동료의 질문에 대해 관심 없는 학습자들의 참여를 이끌어 낼 수도 있다.

다음으로는 학습자로부터 받은 질문에 대한 답이 잘 생각나지 않는 경우다. 이 역시 당황하지 말고 교수자가 받은 질문을 다른 학습자에게 던져야 한다. 질문을 받은 당시에는 어떻게 답을 해야 할지 모를 수도 있지만 몇몇 학습자들의 의견을 들어 보는 과정에서 교수자는 적절한 답을 찾을 수도 있다. 그럼에도 불구하고 답을 제시하기 어렵다면 질문한 학습자에게 솔직하게 이야기하고 차후 확인해서 알려주겠다고 하면 된다.

만일 학습자가 던진 질문이 교육 내용과 무관한 논쟁거리가 되는 경우라면 교수자는 논쟁을 할 것이 아니라 쉬는 시간 등을 활용해서 개별적으로 논의할 것을 이야기하고 다루어야 할 내용으로 전환해야 한다. 교수자와 개별 학습자의 논쟁거리는 전체 학습자에게 유용하지 않기 때문이다.

아울러 교수자가 던진 질문에 학습자가 반응하지 않는다고 해서 교수자가 다시 답을 하는 이른바 자문자답은 피하는 것이 좋다. 질문에 대한 답은 반드시 학습자로부터 얻어야 한다.

학습자에게 어떻게 말해야 하나요

효과적인 교육을 위해 다양한 교수법이 개발되어 강의 현장에서도 적용되고 있다. 온라인을 비롯하여 스마트 기기를 이용하는 것은 물론, 게임의 프로세스나 요소를 적용하는 방법도 사용된다. 그럼에도 불구하고 교육 내용의 상당 부분은 여전히 교수자의 입을 통해 전달된다.

이런 측면에서 보면 강단에 선 교수자의 한 마디 한 마디는 매우 중요하다. 그리고 교수자는 자신이 준비한 내용이 학습자에게 제대로 전달되는 것과 함께 학습자가 잘 받아들일 수 있도록 해야 한다.

이를 위해서는 무엇보다 전달하고자 하는 내용을 **쉽고 간결하게 표현**하는 연습을 해야 한다. 특히 다루는 내용이 어렵고 복잡할수록 더 신경을 써야 한다. 많이 회자되는 이야기지만 학습자에게는 쉬운 내용을 어렵게 설명하는 교수자가 아니라 어려운 내용을 쉽게 설명하는 교수자가 필요하다.

학습자에게 말하는 방법 중 하나는 전달하고자 하는 내용을 **단문**짧은 문장으로 말하는 것이다. 설명해야 할 내용이 많아도 마찬가지다. 단문으로 끊어서 말하고 단문과 단문은 접속사로 연결해서 전달하면 된다. 그리고 단문으로 말하면 강의 영상을 편집하는 경우에도 한결 수월하다.

단문으로 말하기의 대표적인 예는 뉴스를 전하는 아나운서이다. 뉴스가 잘 들리는 이유 중 하나는 아나운서가 목소리도 좋고 발음도 정확하지만 무엇보다 전달하고자 하는 내용을 단문으로 말하기 때문이다.

반면 학습자들에게 만연체로 말한다면 경청의 질이 떨어지게 된다. 더군다나 학습자들이 잠깐 다른 곳에 관심을 두는 경우 전체 맥락을 파악하지 못해 이후 전개되는 내용에 대한 이해도가 현저히 낮아지게 된다.

단문으로 말하는 것에 한 가지 방법을 더하면 **두괄식으로 표현**하는 것이다. 책을 통해 전달하는 내용은 서론부터 차근차근 전개하는 것이 자연스럽지만 말을 통해 전달하는 내용은 반대로 해야 한다. 즉 결론부터 이야기하고 필요하거나 요청이 있다면 부연설명을 덧붙이는 방식이다.

다른 방법으로는 전달하고자 하는 내용에 **이야기**story **를 입히는 것**이다. 특히 결론이 명확하거나 메시지가 분명한 경우라면 이야기가 있는 강의를 해야 한다.

'도움이 필요한 사람에게 후원을 해야 한다'와 같은 메시지를 전달하는 경우라면 무엇을 후원해야 하는지, 왜 해야 하는지 그리고 어떻게 해야 하는지 등과 같은 표현으로는 공감대만 형성할 뿐 직접적인 후원으로 이어지기 어렵다. 머리는 움직였지만 가슴은 움직이지 못하는 것이다.

그런데 '○○이의 달라진 일상'과 같은 표현으로 전환하고 이야기를 구성하면 달라진다. 이야기를 듣는 과정에서 관심이 생기고 감정이입이 되는 것은 물론, 후원으로 이어지는 비율도 높아진다. 각종 후원단체에서 제작한 SNS나 영상 그리고 메일에 포함된 홍보물을 살펴보면 확인할 수 있다. 행동으로 옮겨지는 단초는 머리가 아니라 가슴에 있다.

학습자들이 기억하게 하려면 어떻게 해야 하나요

교수자의 바람 중 하나는 자신이 전달한 교육 내용이 가급적 오래 학습자들의 기억에 남는 것이다. 이렇게 되려면 교육 내용이 학습자들의 단기 기억이 아니라 장기 기억에 저장되어야 한다. 장기 기억에 저장될 수 있는 방법은 대부분의 사람들이 알고 있는 〈토끼와 거북이〉의 경주 이야기에서 찾아볼 수 있다.

〈토끼와 거북이〉의 경주 이야기는 구체적으로 설명하지 않더라도 그 전반적인 내용을 알 수 있다. 어떻게 해서 우리는 이 이야기를 지금까지 기억하고 설명할 수 있는 걸까?

〈토끼와 거북이〉 이야기가 이처럼 오랜 시간이 흘러도 기억에 남고 누군가에게 설명할 수 있는 것에는 이유가 있다.

먼저 **심상가**imagery value**가 높은 단어를 사용**했기 때문이다. 심상가가 높은 단어란 눈앞에 해당 사물이 없더라도 구체적인 모습이나 색상, 특징 등을 떠올릴 수 있는 단어다. 토끼나 거북이는 모두 심상가가 높은 단어다. 이 글을 읽으면서도 그 모습이나 특징 등을 떠올릴 수 있기 때문이다. 이처럼 심상가가 높은 단어를 사용하면 학습자의 기억에 오래 남는다.

그러나 교육 내용에서 다루어지는 단어들은 대부분 심상가가 높지 않다. 심상가가 낮은 단어는 어떤 내용인지 짐작이 가지만 구체적인 모습이나 내용으로 떠오르지 않는 단어다. 예를 들면 품질, 향상, 성과 등과 같은 단어다.

만일 교수자가 심상가가 낮은 단어를 사용해서 교육을 하게 되면 강의 현장에서는 큰 문제가 없겠지만 학습자의 기억에 오래 남기는 어렵다. 그래서 심상가가 낮은 단어를 사용해야 하는 경우 약방에 감초처럼 따라와야 하는 것이 비교, 비유, 예시, 사례 등이다.

교수자는 자신이 전달하고자 하는 내용을 다른 것과 비교해서 설명하거나 비유하거나 예시나 사례를 들어 줄 수 있어야 한다. 그래야만 심상가가 낮은 단어들의 심상가를 높여 줄 수 있고 학습자들의 장기 기억에 저장될 수 있다.

다음으로는 **단순한 구조로 전개**하고 있기 때문이다. 단순한 구조란 이른바 기승전결의 구조를 의미한다. 그리고 각각의 내용에 군더더기가 없다. 살을 붙이더라도 최소화된 내용 정도다. 이는 덧붙여진 내용을 빼더라도 전체적인 내용을 이해하는 데 문제가 없어야 한다는 것이다.

학습자들이 교수자가 전달하는 내용을 오래도록 기억하게 하려면 강의의 뼈대를 만드는 것에 집중해야 한다. 그다음 곁가지를 붙여 나가면 된다. 곁가지는 사례가 될 수도 있고 부연 설명 자료가 될 수도 있다.

구조가 잘 만들어졌는지에 대한 확인은 비교적 쉽다. 전체 강의 시간에 맞게 강의안을 만든 후 강의 시간이 절반으로 줄어든다면 무엇을 남길지를 확인해 보면 된다. 만일 시간이 줄어들었음에도 불구하고 빼야 할 내용을 찾기 어렵다면 구조를 다시 만들어 볼 필요가 있다.

질문에 반응하게 만들기 위해서는 어떻게 해야 하나요

"여러분 삶에서 중요한 가치는 무엇입니까?"

강의장에는 한동안 침묵이 흐른다. 교수자가 다시 한번 질문을 던져도 분위기는 크게 달라지지 않는다. 교수자가 던진 질문의 내용을 학습자가 이해하지 못해서가 아니다.

결국 교수자가 자신의 가치를 이야기하기 시작하면서 삶의 가치가 왜 중요한지 설명한다. 다른 질문을 던졌을 때도 비슷한 경우가 발생한다. 그때마다 교수자는 자신이 학습자에게 던진 질문에 대해 스스로가 답을 한다. 이른바 자문자답이다.

강의에서 질문은 중요한 역할을 한다. 학습자들의 주

의를 끌고 관심을 전환하기도 하며 생각하게 만든다. 그런데 교수자가 자문자답을 하는 순간, 질문은 더 이상 이와 같은 역할을 할 수 없게 된다.

그렇다면 학습자는 왜 교수자의 질문에 반응하지 않을까?

여러 이유가 있겠지만 학습자의 입장에서 보면 질문에 대해 답을 하기가 애매하거나 어렵게 느껴지기 때문이다. 그리고 답을 말하는 것에 대한 부담감이 있기 때문이기도 하다. 맞히면 본전이고 틀리면 부끄럽기 때문이다. 그래서 학습자들은 교수자의 질문에 특별한 경우가 아니라면 곧바로 반응하지 않는다.

그렇다면 어떻게 해야 질문에 반응할까? 우선, **질문의 유형을 바꿔 보는 것**이다. 일반적으로 주관식 질문에 대해 답하기는 어렵다고 느껴진다. 그래서 주관식 질문보다는 객관식 질문을 준비해야 한다. 객관식 질문을 접하는 학습자들은 적어도 선택은 할 수 있게 된다. 조금 더 쉽게 접근하면 객관식 질문을 진위형 질문으로 만들어 보는 것도 좋다. 맞힐 확률이 50%가 되면 답하기가 한결 수월하다.

학습자들은 주관식 질문에 비해 객관식 질문에, 객관식 질문에 비해 진위형 질문에 더 많은 반응을 보이는 것을 확인할 수 있다. 꼭 주관식 질문을 해야 하는 경우라면 초성 퀴즈 형태로 바꿔 보는 것도 좋다.

라디오 프로그램에는 대부분 시청자 퀴즈가 있다. 퀴즈를 살펴보면 시청자의 참여를 이끌어 내는 비결을 접할 수 있다. 쉽고 결정적인 힌트도 주어지기 때문이다. 교수자가 던지는 질문도 이와 같아야 한다. 학습자들이 부담 없이 답을 말할 수 있도록 해야 한다는 것이다.

다음으로는 질문에 대한 **답을 해야 할 학습자들을 미리 지목하는 것**이다. 전체를 대상으로 던진 질문은 누구에게도 답을 얻을 수 없다. 서로가 답을 미루기 때문이다. 그런데 질문하기 전에 답을 해야 할 학습자들을 미리 지목하면 상황은 조금 달라진다. 적어도 미리 지목을 받은 학습자들은 답할 준비를 하기 때문이다.

사전에 학습자들을 지목하는 방법은 어렵지 않다. 예를 들어 교수자가 질문을 하기 전에 "이번 질문에 대해서는 안경을 착용하신 분들의 생각을 먼저 들어보겠습니다"와 같은 안내면 충분하다. 이 경우 안경을 슬며시 벗는 학습자도 생기지만 이는 강의 분위기를 좋게 만들기도 한다.

학습자들의 옷의 색상이나 헤어스타일 등으로 지목하는 것도 좋다.

강의에서 질문은 약방에 감초와 같다. 그만큼 빈번하게 교수자와 학습자 사이에 질문과 답이 오가야 한다는 것이다. 그런데 이렇게 되려면 무엇보다 교수자가 준비한 질문이 중요하다. 그래서 교수자는 질문을 만들면 적어도 스스로는 그 질문에 대한 답을 해 봐야 한다. 그리고 필요하다면 질문의 내용이나 형태를 바꾸는 것을 주저하지 말아야 한다.

〈 학습자에게 어떻게 반응해야 하나요 〉

교수자가 던진 질문에 대해 학습자가 반응을 보였다. 질문에 대한 답을 말하는 경우도 있고 자신의 생각을 표현하는 경우도 있다.

질문에 대한 학습자의 반응은 강의에 대한 관심, 집중, 교수자에 대한 친밀감 등을 나타내는 것으로써 교수자에게는 학습자의 반응이 여러 가지로 중요한 신호로 받아들여진다.

그래서 학습자가 반응을 보이면 교수자는 단순하게 스쳐 지나칠 것이 아니라 보다 적극적으로 대응할 필요가 있다. 강의 중 학습자의 반응을 확인한 교수자가 조건반사적으로 해야 할 것이 있다. 바로 **다시 말하기**back tracking다.

이는 학습자가 한 말을 그대로 다시 말하는 것으로써 학습자의 이야기를 듣고 그 이야기에 동조해 주는 것을 의미한다. 학습자가 "저는 A라고 생각합니다"라고 말했다면 교수자는 "A라는 말씀이시죠?"와 같은 표현을 하는 것이다.

교수자에 의한 다시 말하기는 학습자로 하여금 말하는 것에 대한 불안감을 해소시켜 주고 대화 시 심리적 안정감을 제공해 주는 효과가 있다.

다음으로는 학습자의 말을 다르게 표현하는 **바꿔 말하기**paraphrasing다. 이는 학습자의 말을 잘 듣고 교수자의 말로 바꿔서 이야기하는 것을 의미한다. 학습자가 "그 일을 전에도 했는데 지금도 하고 있어요"라고 말했다면 "그 일을 지금까지 계속하고 계시군요" 혹은 "그 일에 대해서는 훤히 아시겠네요"와 같이 말하는 것이다.

바꿔 말하기를 하는 교수자는 학습자가 말한 내용을 유사한 의미로 재해석해서 말해 주거나 관련된 예를 들어 줄 수 있어야 한다. 필요하다면 교수자의 의견을 포함할 수도 있다. 만일 학습자가 장황하게 말했다면 교수자는 핵심을 추려 간략하게 다시 이야기해 주거나 의미는 같지만 다르게 표현하는 것도 바꿔 말하기를 하는 방법이다.

바꿔 말하기는 학습자의 이야기를 정확하게 이해하고

그 이야기에 공감한다는 표현이기도 하다. 따라서 바꿔 말하기를 하고자 한다면 교수자는 무엇보다 학습자의 말을 경청해야 한다.

한편 학습자에게 반응을 보이는 방법 중에는 언어적 방법 외에도 비언어적 방법도 있다. **따라 하기**mirroring가 하나의 예이다. 따라 하기는 학습자의 모습을 그대로 따라 하는 것을 의미한다. 학습자가 손을 모으고 있다면 교수자 역시 손을 모으는 것과 같다.

따라 하기는 학습자와의 우호적인 감정을 형성하는 데 도움을 주기도 하고 주고받는 대화 내용에 대해 공감하고 있다는 것을 간접적으로 알려 주기도 한다. 그리고 교수자가 역으로 자신의 이야기에 학습자들이 공감하고 있는지에 대해서도 알 수 있게 해 준다.

그래서 학습자들이 교수자가 취한 모습을 마치 거울 속 자신을 보는 것처럼 하고 있다면 교수자는 학습자들이 어느 정도 자신과 같이 호흡을 하고 있다고 여겨도 좋다.

무엇부터 말해야 하나요

안타까운 일이지만 교수자가 준비한 모든 내용에 대해 학습자가 귀를 기울이는 것은 아니다. 학습자는 자신이 듣고 싶은 내용이 나올 때 눈과 귀를 열게 된다.

이런 점에서 볼 때 준비한 내용과 관련해서 서두를 장황하게 시작하는 것은 그리 효과적인 방법이 아니다. 교수자의 입장에서는 여러 배경이나 이유 등을 설명하는 것으로 시작하는 것이 자연스러운 흐름으로 이어질 것이라고 생각할 수도 있지만 오히려 이렇게 시작하는 경우 학습자들은 쉽게 흥미를 잃어버릴 가능성이 크다. 그렇다면 준비한 내용 중에서 무엇부터 말하는 것이 효과적일까?

핵심 메시지부터 제시하는 편이 좋다. 즉 교수자는 전달하고자 하는 내용에 대해 귀납적인 접근이 아니라 연역적인 접근을 해야 한다.

교수자가 준비한 내용에는 목적이나 필요성도 있고 개념이나 특징 혹은 절차도 있다. 물론 사례나 경험이 포함되기도 한다. 이 모든 것은 바로 학습자가 알고 있어야 하는 핵심 메시지로 귀결된다.

핵심 메시지는 준비한 모든 내용을 함축한 하나의 문장이다. 그래서 핵심 메시지는 간결하고 직관적이다. **헤드라인**headline이나 **섬네일**thumbnail과 같다.

핵심 메시지부터 말하는 것의 효과는 뉴스에서 찾아볼 수 있다. 매일 시청하는 뉴스는 관심 있는 내용도 있지만 관심 밖의 내용도 있다. 그런데 뉴스를 시청하다 보면 관심 밖의 내용에도 눈과 귀를 열고 있는 경우들이 있다.

그 이유는 뉴스를 진행하는 앵커가 보도하고자 하는 뉴스의 핵심 메시지부터 말하기 때문이다. 핵심 메시지를 듣게 되면 그 다음 내용에 대한 관심이 자연스럽게 생겨난다. 뉴스에서 핵심 메시지 이후에 나오는 내용들은 개념도 있고 사례도 있다. 경우에 따라서는 분석이나 해석도 제시된다. 핵심 메시지부터 말하게 되면 이 모든 내용들을 자연스럽게 시청하게 된다. 강의도 다르지 않다.

한편 토론 프로그램에 출연한 패널들을 통해서도 핵심 메시지부터 말하는 것의 효과를 살펴볼 수 있다. 패널의 말에 집중하게 되는 경우는 당사자가 말하고자 하는 바에 대한 핵심 메시지부터 전달할 때다. 핵심 메시지를 듣고 나면 그 이유와 내용, 사례나 방법 등에 관심이 생기기 마련이다.

신문의 경우도 마찬가지다. 독자의 시선을 지면으로 끌어오기 위해 헤드라인에 집중한다. 헤드라인이 모호하면 작성된 기사를 읽지 않는 경우가 많다.

교수자가 강의를 할 때 학습자가 듣고 싶은 내용을 사전에 정확하게 파악해서 전달한다면 더할 나위가 없겠지만 쉽지 않다. 그래서 핵심 메시지부터 말하는 것이 중요하다. 핵심 메시지를 들은 학습자들은 뉴스 시청자와 마찬가지로 그 다음 내용에 대해 관심을 갖고 들을 가능성이 훨씬 더 커지기 때문이다.

강의 내용이 전문적이고 학술적일지라도 논문 발표와는 다르다. 배경이나 필요성, 이론적 근거, 방법 등을 제시하고 결과와 결론을 마지막에 제시하는 순서로는 학습자들의 눈과 귀를 닫게 만들 뿐이다.

강의는 **미괄식이 아니라 두괄식이 효과적이다**. 강의를 한다면 강의 내용을 살펴보고 각각의 내용 중에서 핵심 메시지를 뽑아 가장 선두에 배치해야 한다.

만일 핵심 메시지를 도출하기 어렵다면 한 시간 분량의 강의를 5분으로 줄여서 해야 할 경우를 생각해 보면 된다. 준비한 내용 중 무엇을 빼고 무엇을 살릴 것인가? 살려야 하는 것, 빠지면 안 되는 것, 그것이 바로 핵심 메시지이다.

4장

비언어적 강의 스킬

강의장에는 왜 거울이 없나요

TV를 시청하다 보면 중간중간 방청객의 모습들이 비춰진다. 시청자에게 보이는 방청객의 모습은 크게 두 가지로 나타난다. 재미있어 웃거나 감동받아 눈시울을 적시는 경우다.

물론 정말 재미있기도 하고 감동적이기도 하지만 방청객의 모습을 보여 주는 것은 시청자에게 무언의 메시지를 전하는 것이기도 하다. 메시지의 핵심은 '봐봐, 방청객들도 재미있어 웃잖아. 그러니까 같이 웃어 봐' '어때, 감동적이지? 방청객들도 눈물을 훔치잖아'와 같다.

실제로 우리는 무언의 메시지에 반응을 한다. 재미있어서 웃는 것인지 웃으니까 재미있는 것인지 혹은 감동적이어서 눈물이 나오는지 눈물이 나오니까 감동적인 것인지 구분이 모호할 정도다. 이러한 현상은 강의 현장에서도 그대로 재현되는 경우가 많다. 다른 점이 있다면 화면이 아닌 강의 현장에 있는 교수자의 표정이나 분위기 등에 영향을 받는다는 것이다.

사람의 뇌에는 상대방의 표정을 그대로 재현하거나 분위기에 맞출 수 있는 거울 신경mirror neuron이 있다. 이는 마치 거울을 보고 있는 것처럼 상대방이 웃으면 자신도 웃게 되고 무표정하게 있으면 자신 역시 무표정하게 되는 것이다.

그런데 강의 현장에는 교수자가 자신의 표정이나 분위기를 볼 수 있는 거울이 없는 경우가 많다. 그렇다고 해서 자신의 표정을 보자고 손거울을 들고 있을 수도 없는 노릇이다.

하지만 잘 살펴보면 강의 현장에는 수십 개의 거울이 존재한다. 바로 교수자 바로 앞에 있는 학습자들이다.

만일 학습자의 표정이 밝지 않거나 분위기가 무겁다면 '학습자들이 왜 이럴까?'라고 생각할 것이 아니라 지금 교수자 자신의 표정이 밝지 않고 수업 분위기가 무겁다는 것을 인식해야 한다. 학습자는 교수자에게 반응하기 때문이다.

학습자가 교수자를 받아들일 수 있는 상황을 만드는 간단하면서도 강력한 방법은 바로 **미소를 짓는 것**이다. 교수자의 미소는 학습에 대한 학습자의 긍정적인 반응을 이끌어내는 데 도움이 된다. 긍정적인 반응이란 적극적인 참여나 교육 내용에 대한 수용성이 증대되는 것 등을 의미한다.

미소를 짓는 것은 감정의 문제이기도 하지만 연습하면 해결되는 부분이기도 하다. 만일 평소에 무표정하다거나 미소를 잘 짓는 편이 아니라면 입꼬리를 의도적으로 올리는 연습을 하면 된다. 대개 일상에서 사용하는 볼펜이나 칫솔을 윗니와 아랫니로 물고 있는 연습을 하는 것만으로도 해결된다.

학습자는 교육 내용이 아니라 먼저 교수자를 받아들인다는 말이 있다. 이 말은 학습자가 교수자와의 첫 만남에서 느끼는 감정을 비롯해서 교수자의 표정이나 시선, 제스처, 매너와 같은 비언어적인 행동에 대한 수용 여부가 학습에 앞선다는 의미로 생각해 볼 수 있다.

다시 말해 아무리 교육 내용이 좋을지라도 교수자가 학습자와 상호작용을 하지 않거나 학습자와 좋은 관계를 형성하지 않는다면 학습에 부정적인 영향을 미치게 된다.

이런 점에서 미소는 교수자와 학습자 사이의 좋은 관계를 형성하는 첫 단추가 될 수 있다.

학습자들과는 눈맞춤을 어떻게 해야 하나요

　학습자들에게 자연스럽게 미소를 지을 수 있다면 다음으로는 학습자들과 눈을 맞추는 것eye contact이 필요하다. 눈맞춤이 필요한 이유는 현재 강의 내용에 대해 학습자들이 이해·공감하고 있는지 확인할 수 있기 때문이다.

　그리고 적극적인 학습자가 아니라면 교수자의 강의 중간에 질문이 있다고 말을 하기보다는 손만 드는 경우가 많다. 그런데 교수자가 학습자와 눈을 맞추지 않은 상태에서 강의를 이어가다 보면 학습자들이 질문이 있어 손을 드는 경우에도 알 수가 없기 때문이다. 이처럼 학습자와 눈을 맞추지 않은 상태에서 그야말로 진도를 나가는 경우 교수자 혼자만의 강의로 끝나게 된다.

이보다 더 중요한 이유도 있다. 일상의 대화에서와 마찬가지로 교수자가 학습자와 눈을 맞추는 것은 학습자와 교감을 한다는 표현이며 이는 학습자가 교수자로부터 존중을 받고 있다는 인식을 형성해 주기 때문이다.

교수자의 시선을 받은 학습자들은 교육 내용에 대한 만족감도 커진다. 하버드대 마이클 샌델Michael J. Sandel 교수 역시 학습자 수와 관계없이 눈맞춤을 끊임없이 시도하는데 그 이유 역시 앞서 제시한 내용과 다를 바 없다. 마이클 샌델 교수뿐만이 아니다. 강의를 잘한다고 알려진 교수자나 교육 내용에 대한 만족감을 표시한 학습자들은 대부분 교수자와 학습자 사이에 지속적인 눈맞춤 경험을 갖고 있다.

이와 같은 눈맞춤의 필요성과 사례에도 불구하고 종종 교수자가 학습자들과 눈을 맞추는 것에 어려움이나 불편함을 토로하는 경우가 있다. 교수자가 눈맞춤을 적극적으로 시도해 보려고 하지만 내성적이라든가 수줍음이 많다는 이유를 들어 쉽게 포기하기도 한다. 물론 경우에 따라서는 학습자가 시선을 회피하기도 한다. 하지만 이유를 막론하고 학습자와의 눈맞춤은 생각보다 쉽게 해결할 수 있다.

첫째, 한 문장에 한 사람씩 보며 이야기하기이다. 한 문장에 한 사람씩 보며 이야기하면 한 명의 학습자와 눈을 맞추고 있는 시간은 불과 5초도 되지 않는다. 5초도 안 되는 시간은 누구나 눈을 맞추고 이야기할 수 있는 시간이다.

이와 같은 방법을 사용하면 1분 동안 7~8명 정도 되는 학습자들의 눈을 보며 강의할 수 있다. 다수의 학습자들이 있다면 강의하는 내내 모든 학습자들과 눈맞춤을 자연스럽게 할 수 있다.

둘째, 강의장을 교수자 자신이 임의로 설정한 구역으로 나눠 보는 것이다. 만일 강의장을 크게 사등분한다면 첫 번째 문장은 1구역에 있는 학습자들을 대상으로 말하는 것이고 다음 문장은 2구역에 있는 학습자들을 대상으로 말하는 식이다. 이러한 방법으로 교수자가 학습자 개개인과 눈을 맞추며 강의를 하게 되면 교육 내용에 대한 집중은 물론, 학습 분위기도 자연스럽게 조성된다.

학습자와의 눈맞춤은 선택사항이 아니라 필수사항이다. 하물며 학습자와 강의 현장에서 직접 마주하지 않는 온라인 강의에서도 화면을 통해 학습자를 바라보고 있지 않은가?

〈 학습자들에게 강조하려면 어떻게 해야 하나요 〉

교수자는 자신이 교육하는 내용에 대해 여러 가지 방법을 사용해서 강조한다. 강조하고자 하는 내용이 있으면 목소리를 크게 하는 경우도 있고 '이 내용이 중요하다'는 말을 하면서 강조하기도 한다. 그런데 정작 학습자들에게는 교수자의 생각만큼 강조되지 않거나 쉽게 잊어버리는 경우가 많다.

강조해야 할 부분이 있다면 목소리의 크기나 말로 설명할 것이 아니라 잠시 하고 있는 말을 멈춰 보자. 강의 중 **일시정지**pause 상태를 만드는 것이다.

교수자의 말이 멈추면 학습자들은 자연스럽게 교수자에게 집중하게 된다. 교수자가 왜 하던 말을 멈추었는지가 궁금하기도 하고 무슨 일이 생겼는지에 대한 관심도 생겨난다.

강의 현장에서 학습자들이 이와 같은 장면에 들어왔다면 이 순간이 바로 강조해야 할 내용을 전달해야 하는 시점이다. 학습자들이 집중하는 순간이기 때문이다.

이러한 효과는 일상에서도 경험할 수 있는데 예를 들면 컴퓨터를 이용해서 음악을 듣는 경우다. 스피커를 통해 흘러나오는 음악을 듣고 있다 보면 처음에 비해 중반부로 갈수록 음악에 동화되어 음악에 집중하기보다는 다른 일에 관심을 두는 경우가 생긴다.

이때 음악이 잠깐 멈춘다면 모든 관심이 컴퓨터로 쏠린다. 잘 나오고 있는 음악에 무슨 문제가 생긴 것은 아닌지를 살펴보기 위함이다.

교수자의 강의도 이와 비슷해서 의도적으로 일지정지나 멈춤의 상태를 만들면 학습자들의 관심을 이끌어 낼 수 있다. 당연히 학습자들의 관심을 이끌어 낸 후에는 강조해야 할 내용을 전달해야 한다.

따라서 교수자는 강의 시 전략적으로 일시정지를 사용할 필요가 있다. 매순간이 중요하고 강조해야 할 내용으로 채워져 있지 않기 때문에 더더욱 그렇다. 수많은 내용

중 이것만큼은 반드시 알아야 한다거나 익혀야 한다는 내용을 다루기 전에는 반드시 학습자들을 집중시킬 필요가 있다.

강조하고자 하는 내용에 대해 일시정지가 된다면 다음으로는 **제스처도 함께 사용**하면 좋다. 교수자의 제스처는 교육 내용을 강조하는 또 하나의 방법이다. 교수자가 강의 현장에서 쓸 수 있는 제스처는 보통 손 또는 손가락을 통해 표현된다. 그래서 비주얼 핸드visual hands라고도 표현한다.

손과 팔을 펴서 중요한 내용을 가리킨다든지 크고 작음을 표현하는 것 그리고 손가락을 이용해 우선순위 등을 표현하는 것 등이 일반적이다. 경우에 따라서는 신체를 이용해서 특정한 모습을 보여 줄 수도 있다.

교수자의 제스처는 학습자들의 시선을 교수자나 교육 내용으로 유도할 수 있고 강의 현장의 분위기를 보다 활기차게 만들 수도 있다. 다만 이와 같은 제스처를 할 경우에는 가급적 크고 자신감 있게 표현하는 것이 좋다.

의상에도 신경을 써야 하나요

"스티브 잡스는 청바지에 티셔츠만 입고 나와서 말하는데 우리도 그러면 안 되나요?"

교수자가 강의 시 어떤 복장을 착용해야 하는지에 대해 이야기했을 때 학습자 중 한 명이 손을 들고 질문한 내용이다. 물론 가능하다고 답했다. 다만 교수자가 '스티브 잡스 정도의 영향력이 있다는 조건을 갖추고 있어야만 한다'라는 점이 충족된다면 말이다.

교수자가 어떤 복장을 착용해야 하는지 약속된 기준이나 천편일률적으로 따라야 하는 것은 없다. 강의 내용에 따라 차이가 있을 수도 있고 교수자의 독특한 캐릭터에 따라 차이가 있을 수도 있다. 다만 복장에 대한 고민이 있다면 조금은 해소시켜 줄 수 있는 가이드는 있다.

자신의 집에 손님을 초대한다고 생각해 봤을 때 집주인으로서 자신이 어떤 복장을 하고 있으면 좋을지 정도를 생각해 보면 된다. 적어도 잠옷 바람이나 반바지에 티셔츠를 입고서 손님을 맞이하는 경우는 없을 것이다. 더군다나 그 손님이 그날 처음 보는 사람이라고 생각해 보면 어떤 복장이 어울릴지에 대해 나름대로의 기준이 마련될 것이다.

이는 패션의 기본 원칙이라고도 불리는 T.P.O^{Time, Place, Occasion}와 접목되는데 때와 장소 그리고 경우에 따라 복장을 달리한다는 의미다.

강의를 하는 교수자의 복장은 이와 같은 **T.P.O에 맞게 선택하고 착용**하면 된다. 강의를 할 정도라면 이 정도의 선택은 그리 어렵지 않게 할 수 있다.

아울러 즉흥적이거나 갑작스럽게 강의를 하는 경우는 많지 않기 때문에 교수자는 사전에 학습자의 연령대나 강의 주제 등을 고려해서 이에 적합한 복장을 착용하고 강단에 서면 된다.

혹여나 교수자로서 조금이라도 학습자의 눈에 띄고 싶다고 해서 독특하거나 화려한 복장을 선택하고자 한다면 그 전에 그 강의의 주인공이 누구인지를 생각해 볼 필요가 있다.

자칫 잘못하면 학습자들은 교수자나 교육 내용이 아닌 교수자가 착용한 복장에 시선을 두게 될 것이 뻔하다. 당연히 강의 후에 학습자의 기억에 남거나 회자되는 내용 역시 강의에서 다룬 내용보다는 교수자의 복장이 될 가능성이 크다.

어떤 복장을 착용할 것인가에 대한 선택은 교수자에게 달려 있다. 그러나 **첫인상 효과**primacy effect라는 측면에서 보면 학습자는 교수자가 입고 있는 복장을 보고 교수자는 물론, 교수자가 준비한 강의 내용에 대해 선입견을 갖게 된다.

첫인상은 몇 초 내에 형성된다. 다행히 첫인상이 긍정적이라면 좋겠지만 그렇지 않다면 그보다 훨씬 더 많은 시간을 들여 강의하는 내내 학습자들이 가지고 있는 교수자의 첫인상을 전환시키기 위해 노력해야 할 것이다.

첫인상에 영향을 주는 요인들은 많다. 교수자의 인지도나 경력도 있고 목소리 등도 포함된다. 그런데 교수자의 복장도 첫인상에 한몫을 하는 것임에는 틀림이 없을 것이다.

이런 측면에서 강단에 서게 된다면 반드시 머리끝부

터 발끝까지 스스로를 살펴보기 바란다. 좋은 첫인상은 학습자들의 좋은 반응을 이끌어 내는 기본 중에 기본이다.

5장

교안구성

무엇을 다루어야 하나요

학습자가 학습해야 할 내용은 음식을 만들기 위한 재료라고 할 수 있다. 동일한 메뉴일지라도 어떤 재료로 만드느냐에 따라 맛이 달라지는 것과 같다.

학습자가 학습할 내용은 학습목표와 교수목표를 기준으로 한다. 먼저 학습목표란 해당 교육을 들은 학습자가 교육 이후에 무엇을 할 수 있는가를 나타낸 것이다. 예를 들어 자전거에 대한 교육을 듣는 학습자가 있다면 해당 교육을 마치고 자전거의 작동 원리를 알게 되는 것인지 혹은 자전거를 탈 수 있게 되는지가 된다.

교수목표는 학습목표와 연계되는데 학습목표를 성취하기 위해서는 무엇을 다루어야 하는지를 나타낸다. 자전거의 작동 원리를 알게 되는 것이 학습목표라고 한다면 자전거를 구성하는 각 부품의 명칭이나 기능을 비롯해서 운동에너지 등과 같은 내용이 교수목표가 된다. 또한 자전거를 탈 수 있게 되는 것이 학습목표라고 한다면 교육 내용은 주로 자전거를 타기 위해 필요한 교통법규부터 시작해서 자전거 타기 실습 등이 교수목표가 된다.

학습목표는 가능한 구체적으로 설정해야 한다. 학습목표가 구체적이지 않거나 방대하면 교수목표를 설정하기 쉽지 않다. 만일 자전거에 대한 교육을 하는데 학습목표가 '자전거에 대해 이해할 수 있다'로 기술된다면 도대체 무엇을 다루고 어디에 집중해야 하는지 모호해진다. 자전거에 대해 이해하려면 자전거의 역사도 알아야 할 것 같고 자전거의 종류도 알아야 할 것 같은데 한정된 시간에 이 모든 것들을 다룰 수는 없기 때문이다.

한편 학습목표와 교수목표는 교수자가 다루어야 할 내용에 대한 선택과 집중을 하기 위해서도 필요하지만 학습자의 성취 정도를 확인하기 위한 평가의 기준을 설정할 때에도 필요하다.

학습목표와 이에 따른 교수목표가 명확하면 무엇을 측정하거나 평가해야 하는지도 명확해진다. 학습자가 어느 수준까지 알고 있어야 하거나 할 수 있어야 하는지에 대한 기준도 마련된다.

학습자가 교육을 통해 무엇이 달라졌는지 혹은 무엇이 좋아졌는지에 대해 직접 확인할 수 없으면 개선점을 도출하는 데에도 제약이 따른다. 추가적으로 어떤 교육이 더 필요한지에 대해서는 더더욱 알 수 없다. 이렇게 되면 교육이 하나의 이벤트로 끝나게 될 수도 있다.

따라서 교수자는 다루어야 하는 내용이 도대체 학습자가 무엇을 할 수 있게 하는 것인지에 대해 인식하고 학습목표를 설정해야 한다. 학습목표가 명확하면 다루어야 할 내용도 명확해진다. 교수방법 역시 최적화된다. 학습목표를 성취하기 위해 필요한 방법들이 적용되기 때문이다.

강의 내용을 어떻게 구성해야 하나요

학습목표와 교수목표가 명확해진 후에는 다루어야 하는 내용을 구조화해야 한다. 내용이 구조화되어 있다는 것은 다루고자 하는 내용이 서론, 본론, 결론이나 도입, 전개, 마무리 혹은 기승전결로 되어 있다는 것을 말한다. 같은 재료를 사용하더라도 재료를 넣는 순서에 따라 맛이 달라지기도 하고 어떻게 담느냐에 따라서도 느낌이 다른 것과 마찬가지다.

내용을 구조화하기 위한 전제조건이 있다. 바로 핵심 메시지가 명확해야 한다는 것이다. 교육 내용의 핵심 메시지가 명확해지면 이를 전개하기 위한 도입과 이를 정리하는 마무리를 만들 수 있다.

핵심 메시지를 배치하는 것은 교육 내용의 뼈대를 만드는 것과 같다. 이렇게 핵심 메시지가 배치되면 각각의 핵심 메시지를 설명하는 내용을 추가하고 그 다음에는 설명 내용을 설명하기 위한 상세 내용을 추가하는 것이다.

교수자의 강의 내용이 구조화되어 있는지에 대한 확인은 역으로 살펴보면 된다. 핵심 메시지를 제외한 설명이나 상세 내용을 다루지 않아도 핵심 메시지가 나타나면 구조화되어 있는 것이다. 이렇게 구조화된 강의 내용은 시간 조율도 용이하다. 만일 갑작스럽게 강의 시간이 단축된다면 상세 내용을 빼면 된다. 그래도 핵심 메시지는 전달된다.

이렇게 핵심 메시지를 중심으로 내용이 구성된 후에는 이를 위한 도입과 마무리를 생각해 봐야 한다. 이는 식당에서 메인 요리를 시키면 메인 요리가 나오기 전에 입맛을 돋우는 에피타이저가 나오고 식사 후에 디저트가 나오는 것과 다를 바 없다.

메인 요리가 교육 내용의 핵심 메시지라고 본다면 에피타이저는 도입에 그리고 디저트는 마무리에 해당된다. 에피타이저나 디저트의 역할과 특성을 생각해 보면 도입과 마무리를 어떻게 해야 하는지가 보다 명확해진다.

만일 50분을 강의한다면 도입과 마무리에 투입해야

하는 시간은 각각 대략 5분 남짓이다. 에피타이저나 디저트가 메인 요리에 비해 과하게 제공되지 않는 것을 떠올려 보면 된다.

그래서 교수자는 내용을 구조화하기 위해 끊임없이 고민해야 한다. 어떤 도입이 학습자들의 관심을 끌 수 있을지 전달하고자 하는 내용은 명확한지 그리고 어떻게 마무리를 지어야 학습자들에게 각인되거나 실행력을 끌어 올릴 수 있을지 등에 대한 고민이 필요하다.

책을 읽거나 영화를 보는 것은 이를 연습하기 위한 방법 중 하나다. 그 과정에서 어떤 흐름으로 전개되는지를 알아챌 수 있다. 다른 교수자의 강의를 들어보는 것도 좋다. 강의가 잘 들리고 이해가 된다면 해당 내용을 어떤 구조로 만들었는지 역으로 찾아보면 도움이 된다.

전달하고자 하는 내용이 구조화되어 있지 않다면 내용이 중복되어 전달될 수도 있고 중언부언重言復言하는 상황도 발생한다. 가장 큰 문제는 교육 내용을 학습자들이 잘 기억할 수 없다는 것이다.

어떻게 해야 학습 동기를 이끌어 낼 수 있을까요

'아, 지루해'

'언제 끝나지?'

강의 중이나 휴식 시간에 이와 같은 학습자들의 푸념 섞인 말을 듣게 된다면 학습자의 학습 태도를 탓할 것이 아니라 내용을 전달하는 방법에 문제가 있지 않은지 살펴 봐야 한다.

이를 위한 바로미터barometer는 학습자의 참여 여부이 다. 학습자의 참여를 이끌어 내는 요인은 많다. 물론 교수 자도 학습자의 참여를 이끌어 내는 요인 중 하나다. 하지만 제약이 있다. 주로 교수자가 사회적으로 저명하거나 유명한 경우에 영향을 미치기 때문이다.

교수자만으로 학습자의 참여를 이끌어 내기 어렵다면 다른 방법도 있다. 교육 목적도 학습자들의 참여를 이끌어 낼 수 있다. 그러나 이 역시 제약이 있다. 교육 내용이 학습자들의 이해와 직접적으로 결부되어야 그 효과가 있기 때문이다. 문제는 모든 교육 내용이 학습자들의 요구에 부합되는 경우가 많지 않다는 것이다. 그리고 직접적인 혹은 즉시 영향을 미치는 내용만 담을 수 있는 것도 아니다.

그렇다면 어떻게 학습자의 참여를 이끌어 낼 수 있을까? 그것은 학습자의 학습동기유발을 위한 방법적인 측면에서 접근하는 것이다. 학습자의 학습동기유발을 위해 적용해 볼 수 있는 요소는 ARCS다. 존 켈러John M. Keller 교수가 제시한 ARCS는 주의집중Attention, 관련성Relevance, 자신감Confidence 그리고 만족감Satisfaction의 영문 앞 글자를 이어서 붙인 명칭이다.

학습자의 참여 측면에서 **주의집중**은 그 어느 것보다 우선시되어야 한다. 내용이 아무리 좋다고 할지라도 학습자들의 주의가 집중되지 않으면 참여가 이루어지지 않기 때문이다.

학습자의 주의를 끄는 방법은 다양하다. 몇 가지 예

를 들어보면 교육 내용과 관련된 퀴즈로 시작하거나 무엇인가를 추측해 볼 수 있는 상황을 부여하는 것이다. 시선을 끌 수 있는 영상 자료를 보여 주는 것도 하나의 방법이 될 수 있다.

다음으로 학습자의 참여를 이끌어 내기 위해서는 교육 내용이 학습자들과 **관련성**이 있어야 한다. 반드시 필요한 교육이라고 할지라도 학습자가 교육 내용에서 자신과 무슨 관계가 있는지를 모른다면 흥미를 잃는 것은 시간 문제다.

교육 내용이 학습자들과 관련이 있다는 것을 인식시키기 위해서는 학습자가 소속된 조직이나 팀의 사례로 접근해야 한다. 어떤 내용의 교육이든지 좋은 사례나 나쁜 사례가 제시되는 경우가 많다. 그러나 그 사례가 학습자가 속하지 않은 혹은 연관되지 않는 것이라면 강 건너 불구경하는 것처럼 된다. 사례뿐만이 아니다. 현실에서 적용 가능해야 한다. 이른바 알아 두면 좋거나 언젠가는 도움이 될 것 같은 내용은 관련성이 떨어진다.

그리고 학습자의 참여가 지속적으로 이루어지기 위해서는 학습자들에게 **자신감**을 부여해야 한다. 이를 위해서는 교수방법적인 측면에서 학습자에게 말할 기회나 시간을 부여하고 직접 실습해 볼 수 있는 상황을 부여해야 한다.

한 연구*에서는 학습자들에게 교수자의 말을 듣게만 했을 경우 교육 내용의 20% 정도만 기억하지만 학습자들에게 말하고 실습할 수 있는 상황을 부여하면 90%까지도 기억에 남는다는 결과를 제시한 바 있다.

마지막으로 학습자들에게 **만족감**을 부여하면 학습자들의 참여를 유지시킬 수 있다. 학습자들은 교육 중 여러 요인에 의해 만족감을 갖게 된다. 강의 중 학습자에게 반응해 주는 것을 비롯해서 시선을 맞추는 것, 미소를 보여 주는 것 등 교수자의 언어적·비언어적 스킬이 많은 영향을 주는 것은 사실이다. 하지만 교육 내용을 어떻게 구성했는지 난이도는 적절한지 그리고 효과적인 교육 방법을 적용했는지 등과 같은 하드웨어적인 측면도 무시할 수 없다.

교육 내용과 방법적인 측면에서 이와 같은 ARCS가 반영되어 있다면 학습자의 참여를 이끌어 내는 것은 생각보다 어렵지 않다. 그리고 ARCS가 반영되어 있다면 학습자들은 교육 중 혹은 교육을 마친 후 이러한 말들을 할 것이다.

- Kornikau, R., and McElroy, F. 1975. Communication for the Safety Professional.National Safety Council: Chicago.

'벌써 시간이 이렇게 됐네'
'시간 가는 줄 몰랐어.'

어떻게 해야 학습자들을 지치지 않게 할 수 있나요

덧셈을 한번 해 보자.

3+9+7+6+2+5+8+1+4+5의 총합은 얼마인가?

약간 짜증이 날 수 있을 것이다. 그렇다면 이렇게 덧셈을 해 보면 어떤가? 1+9+2+8+3+7+4+6+5+5의 총합은 얼마인가? 앞서 했던 덧셈보다는 조금 수월할 수 있다. 마지막으로 한번만 더 덧셈을 해 보자. (1+9)+(2+8)+(3+7)+(4+6)+(5+5)의 총합은 얼마인가?

모두가 같은 숫자였고 사칙연산 중에서 덧셈만 하는 것은 동일한데 처음의 덧셈에 비해 점점 수월해졌음은 물론, 마지막 덧셈은 굳이 머릿속으로 계산하지 않더라도 바로 얼마인지가 눈에 들어온다.

이처럼 같은 내용일지라도 어떻게 제시되느냐 혹은 어떻게 배열되느냐에 따라 피로도의 차이가 난다. 교육 내용도 이와 다를 바가 없다. 교수자가 전달하고자 하는 내용을 어떻게 구성하거나 제시하느냐에 따라 학습자들을 지치게도 만들 수 있고 그렇지 않게도 만들 수 있다.

강의를 듣는 학습자가 지치고 피곤해지는 이유 중 하나는 한 번에 많은 내용이 제시되는 경우다. 이를 학문적으로 접근하면 인지 부하cognitive load가 커지기 때문이라고 말할 수 있다.

인지 부하는 뇌의 수용 용량이라고 설명되며, 컴퓨터 하드디스크의 저장 공간이라고 생각하면 된다. 어떤 자료를 저장할 때 컴퓨터 하드디스크의 저장 공간을 초과하는 데이터는 누락되는 것과 마찬가지로 학습자에게 제시되는 내용도 학습자의 수용 용량에 근접하거나 초과하게 되면 학습자에게 받아들여지지 않는다. 그리고 이는 학습자의 피로도를 증대시키는 원인이 된다.

인지 부하는 두 가지 종류가 있다. 먼저 내재적 인지 부하intrinsic cognitive load다. 이는 제시되는 정보의 근본적인 구조를 변경하거나 내용을 줄이지 않으면 해결되기 어렵다. 교수자가 여러 가지 조건으로 인해 다루어야 하는 내용을 자유롭게 가감할 수 없는 상황이라면 학습자의 내재적 인지 부하를 줄이는 것은 쉽지 않다.

그렇다고 해서 답이 없는 것은 아니다. 외재적 인지 부하extraneous cognitive load를 줄이면 된다. 외재적 인지 부하는 교수자가 선택한 표현 방법이나 절차에 의해 좌우된다. 다시 말해, 교육 내용을 줄일 수는 없지만 표현 방법이나 절차를 변경하면 학습자의 피로도를 감소시킬 수 있다는 것이다.

쉽게 할 수 있는 표현 방법으로는 **자료를 통합**해서 제시하는 것이다. 학습자가 이곳저곳을 봐야 하는 상황을 최소화하는 것이다. 예를 들면 막대그래프를 설명할 때 막대그래프 따로, 범례 따로 보여 주는 것이 아니라 막대그래프 안에 해당 막대그래프가 나타내는 것을 함께 표시하는 것이다.

자료를 단순화하는 것도 한 방법이다. 신문 기사처럼 세세하게 표현할 것이 아니라 자동차를 타고 도로를 달릴 때 한눈에 볼 수 있는 포스터나 옥외 광고물처럼 표현하는 것이다. 이를 위해서는 이미지로 표현하는 것이 요구된다.

중복된 내용을 제거하는 것도 필요하다. 그래프만 봐도 알 수 있는 내용은 그래프만 표현하면 된다는 것이다. 그래프에 대한 설명까지 교안에 담을 필요는 없다. 또한 그림이나 사진만 봐도 알 수 있는 내용임에도 불구하고 해당 이미지를 설명하는 글자가 있다면 제거하는 것이 좋다. 지나친 친절이 오히려 학습에 방해가 되기 때문이다.

어떤 사례를 쓰면 좋을까요

전달하고자 하는 내용에 대한 이해를 돕기 위해 사례가 사용되는 경우가 있다. 사례를 제시하는 경우에는 보편적으로 알려진 내용도 좋지만 조금만 더 고민해 보면 학습자들의 관심과 공감을 얻을 수 있는 사례를 도출할 수 있다.

이를 위해 먼저 사례의 우선순위를 정해볼 필요가 있다. 사례의 우선순위는 전달하고자 하는 내용과 관련된 교수자의 사례 또는 학습자와 직접적으로 관련된 사례다.

예를 들어 조직문화에 대한 사례를 제시하는 경우라면 해당 학습자들이 속한 조직, 문화, 직무 등에서 도출된 사례여야 한다는 것이다. 교육 내용과 관련된 사례라고 할지라도 학습자들이 속한 조직이나 문화 혹은 직무 등과 거리감이 있다면 학습자들은 자신과 관련성이 없다고 느끼게 된다. 심지어는 그 사례가 적절하지 않다고 느끼기도 한다. 그러나 이와 같은 사례를 찾기 어려운 경우도 있다. 이럴 때는 널리 알려진 사례를 제시하는 것이 차선책이 될 수 있다.

이때 주의해야 할 점이 있다. 제시하고자 하는 사례가 중립성을 지니고 있어야 한다. 특히 정치, 종교, 성gender 등과 관련해서 편향적인 내용이라면 다른 사례를 찾아봐야 한다. 자칫 잘못하면 학습자들의 오해를 불러일으키거나 교육 내용과 관계없는 논쟁이 벌어질 수도 있다.

이를 위해서는 준비한 사례에 대해 주변의 몇몇 사람들에게 의견을 구하는 것도 하나의 방법이다. 교수자가 준비한 사례의 객관성을 확보하기 위함이다.

다음으로는 **학습자들에게 익숙한 내용이 담겨 있는 사례**를 제시할 필요가 있다. 제아무리 좋은 사례라고 할지라도 사례를 설명하는 우를 범하지 말아야 한다는 것이다. 사례 자체가 학습자들의 빠르고 직관적인 이해를 돕기 위해 사용되는데 만일 사례를 설명하기 위한 또 다른 설명을 해야 한다면 사례가 지닌 효과가 반감될 수 있다.

그리고 교수자의 사례를 제시하는 경우라면 가능한

실패했던 내용으로 구성된 사례를 제시하는 것도 좋은 방법이다. 성공 사례도 의미 있고 필요하지만 실패 사례는 학습자들의 귀에 더 잘 들리는 경향이 있다.

교수자 스스로가 자신의 실패 사례를 제시하는 것이 경우에 따라서는 불편하거나 부끄러울 수도 있다. 하지만 지금 강단에 서 있는 교수자는 그러한 실패까지도 극복하고 그 자리에 서 있다는 점을 스스로가 인식해야 한다.

이는 일상에서도 충분히 확인해 볼 수 있다. 친한 친구들 간의 모임에서 누군가의 성공 일화는 부러움을 불러일으킬 수는 있으나 성공 요인이나 방법 등에 대해서는 상대적으로 관심이 떨어진다.

그러나 누군가의 실패 일화에는 관심이 간다. 안타까움과 함께 자신도 그런 상황에 처할 수 있다는 생각이 들고 미리 경험한 사람으로부터 무엇을 놓쳤는지 혹은 어떤 실수를 했는지에 대해 듣고 미리 준비하려는 마음이 있기 때문이다.

교육 내용에 사례를 포함한다면 사례의 우선순위를 살펴보고 학습자들과의 관련성 여부를 확인해야 한다. 아울러 교수자의 실패 사례는 학습자들이 타산지석으로 삼을 수 있기에 이 부분도 고려해 볼 필요가 있다.

강의의 마무리를 어떻게 하면 되나요

"오늘 다루었던 내용을 다시 한번 정리하겠습니다."

강의를 마칠 무렵 교수자가 학습자들을 위해 친절하게 강의 내용을 정리해 주고자 하는 말이다. 하지만 학습자의 입장에서 보면 반드시 그런 것도 아니다. 별다른 내용이 더해지는 것도 아니고 단지 앞서 다루었던 내용을 요약해서 전달하는 데 그치는 경우가 많기 때문이다. 게다가 학습자들은 강의가 끝날 무렵이 되면 주의도 산만해지고 교수자가 전달하는 내용에는 상대적으로 관심이 덜 가게 된다. 이런 상황에서 교수자가 강의 내용을 요약해 주거나 특정 내용을 강조하는 것은 생각하는 것만큼 효과적이지 않다.

그렇다면 강의의 마무리는 어떻게 해야 할까?

교수자가 교육의 효과를 확인하거나 기대해 보기 위해서는 강의의 마무리를 학습자가 할 수 있도록 만들어야 한다. 학습자가 교육을 마무리할 수 있는 방법 중 하나는 지난 시간 교수자에 의해 다루었던 내용들을 학습자가 요약해서 공유할 수 있도록 하는 것이다. 이른바 되돌아보기 revisit 활동이다. revisit은 글자 그대로 '다시re 방문하다visit'라는 의미로 학습자가 본인이 학습한 내용을 다시 훑어보고 확인해 본다는 것이다.

학습자가 이와 같은 활동을 하는 방법은 여러 가지다. 주어진 시간과 학습자 규모에 맞춰 다양하게 시도해 볼 수 있다.

먼저 시간이 많지 않다면 윈도우 패닝window panning을 해 볼 수 있다. 3×3 표를 그리게 되면 총 9칸의 공간이 생기게 되는데 이 공간을 자신이 학습한 내용 중 중요하다고 생각한 단어를 기입하도록 하는 것이다. 이후 학습자가 기입한 단어에 대해 부연 설명을 요청하면 된다. 학습자가 여러 명이라면 개인별로 윈도우 패닝을 한 후 서로가 중요하게 여겼던 내용들을 동시에 확인해 볼 수도 있다. 이른바 동료

검토peer review를 해 보는 것이다.

이와 같은 윈도우 패닝은 팀 활동으로도 가능하다. 이 경우 팀별로 기입한 내용이 중복될 가능성이 큰데 이때 교수자는 팀별 발표자에게 중복되지 않는 내용에 대한 설명을 요청하면 된다.

비교적 간단한 방법이지만 이와 같은 활동을 하는 과정에서 학습자들은 학습한 내용에 대해 스스로 확인하고 정리해 볼 수 있다. 교수자 역시 학습자들이 작성한 윈도우 패닝 내용을 통해 학습자들에게 전달하고자 했던 내용들이 제대로 전달되었는지에 대해 확인할 수 있다. 만일 이 과정에서 교수자가 중요하게 여겼던 내용이 누락되었다면 그 부분에 대해서만 재강조하고 부연설명을 하면 된다.

다음으로 시간적 여유가 주어진다면 학습자들이 학습한 내용에 관한 문제나 퀴즈를 출제해 볼 수 있는 활동을 하는 것도 좋다.

학습자들이 교수자가 제시한 문제를 해결하거나 퀴즈의 정답을 맞히는 것도 교육의 효과 중 하나임에는 틀림이 없다. 그러나 학습자 스스로 문제나 퀴즈를 출제하는 과정에서 얻게 되는 교육의 효과와는 비교가 되지 않는다.

무엇보다 문제나 퀴즈를 출제하기 위해서는 학습한

내용을 면밀하게 살펴봐야 하고 해당 내용에 대해 충분히 이해를 하고 있어야 가능하기 때문이다. 이와 같은 과정은 곧 학습의 과정이기도 하다.

아울러 학습자들이 출제한 문제나 퀴즈는 동료 학습자들에게 제시해서 풀 수 있도록 하고 오답이 나오는 경우에는 문제를 출제한 학습자가 설명해 줄 수 있도록 하는 것도 좋은 방법이다. 이른바 동료 학습이 되기도 하고 가르치는 과정에서 학습learning by teaching할 수 있는 효과를 얻을 수 있기 때문이다.

강의 마무리는 강의 시작과 더불어 중요하다. 강의 시작을 학습자의 주의와 관심을 끄는 데 집중했다면 강의의 마무리는 학습자 스스로가 정리해서 가지고 갈 수 있도록 해야 한다. 교수자는 학습의 주인공이 학습자가 될 수 있도록 만들어 줘야 한다.

6장

교안 제작

교안은 꼭 필요한가요

　이 질문에 대한 답은 강의를 하는 주체가 누구인가를 생각해 보면 된다. 만일 강의의 주체가 교안이라면 교안이 반드시 필요하겠지만 강의의 주체가 교안이 아니라 교수자라면 이야기가 달라진다.

　그런데 지금껏 알려지거나 경험한 바에 의하면 어느 누구에게도 교안이 강의의 주체라는 말을 들어 본 적이 없다. 그렇다면 교안이 꼭 필요할까?

　교안은 교수자의 강의를 지원해 주는 역할을 한다. 강의를 지원한다는 것은 여러 이유로 교수자가 강의 시간에 직접 쓰거나 그리기 어려운 자료들을 학습자에게 바로바로 제시해 주는 것을 말한다. 그리고 교수자의 말로 표현하는 것보다 관련된 이미지나 영상으로 보여 주는 것이 효과적인 경우가 있을 때 이를 대체하는 것이기도 하다.

이렇게 보면 교안은 필요하다. 다만 교수자의 강의에 필요한 내용 그리고 학습자의 학습에 도움이 되는 내용일 때만 교안이 필요하다. 강의와 관련된 모든 내용을 교안에 담게 되면 학습자의 관심은 교수자가 아닌 교안으로 향하게 된다.

이런 경우가 되면 강의의 주체가 교수자가 아닌 교안으로 뒤바뀌는 상황이 만들어진다. 심한 경우 교수자는 교안에 있는 내용을 읽어 주는 내레이터narrator 정도의 역할만 하게 된다. 주객主客이 바뀌는 순간이다.

실제로 많은 교안들은 마치 연극이나 영화의 대본처럼 강의의 시작과 마무리에 이르는 모든 내용을 담고 있다. 교안만 보면 강의가 전개될 수 있도록 만든 것이다. 물론 이유도 있다. 교수자의 원활한 강의를 위해서다. 조금 더 솔직하게 말하면 교수자의 편의를 위해서다. 교안만 보고 읽으면 강의하는 데 큰 문제가 없을 것으로 생각하기 때문이다.

그런데 교안을 이런 용도로 쓰면 안 된다. 교안은 교수자의 강의를 효과적 그리고 효율적으로 지원하는 용도로 사용되어야 한다. 교수자와 학습자는 강의 현장에서 교안이 아니라 서로를 봐야 하고 교안은 이를 보조하는 용도에 국한되어 만들어지고 사용되어야 한다.

교안 한 장이 학습자에게 노출되는 시간을 생각해 보면 순간순간 지나가는 교안의 효용성은 더 떨어진다. 그래서 모든 내용을 교안으로 만들기보다는 필요한 내용만 교안에 담는 것이 필요하다.

강의 시간은 대개 정해져 있다. 정해진 시간 동안 강의 내용과 학습해야 하는 내용을 효과적으로 전달하기 위해 필요한 내용이 교안으로 만들어져야 한다.

만들어진 교안이 있다면 교안에 담긴 내용이 앞서 설명한 내용에 부합하는지를 살펴보고 불필요한 내용이 있다면 과감히 없애도 무방하다. 교안은 있으면 좋고 없어도 된다는 말이 아니라 학습자의 학습에 필요한 내용이어야 한다는 것이다. 그리고 이런 내용이 담긴 교안은 꼭 필요하다.

강의제목이 중요한가요

'커뮤니케이션의 중요성'

만일 강의 제목이 이런 식이라면 학습자들은 강의를 시작하기 전부터 지루해질 수 있다. 제목만 보고도 이번 강의에서 다루어질 것이라고 생각되는 개략적인 내용을 충분히 떠올릴 수 있기 때문이다. 심지어 학습자들은 내용을 듣지 않더라도 커뮤니케이션이 중요하니까 잘 해야 한다는 정도의 결론을 미루어 짐작할 수 있을 것이다.

이처럼 시작하기도 전에 학습자들의 관심을 끌지 못하거나 흥미를 저하시킨다면 이후 전개되는 강의는 그야말로 쉽지 않다. 강의 내용이나 방법이 문제가 아니라 학습자들에게 형성된 선입견이 문제가 되는 것이다.

이렇게 되면 교수자는 '잘해야 본전' 정도의 결과를 얻게 된다. 물론 강의 제목은 평이하지만 강의에서 다루는 내용이 획기적이거나 참신해서 강의 전에 형성된 학습자들의 선입견을 일거에 무너뜨릴 수도 있다. 하지만 말처럼 쉬운 일은 아니다.

그래서 교수자는 강의 내용만큼이나 강의 제목에도 신경을 써야 한다. 같은 내용을 다루고 있지만 '커뮤니케이션의 중요성'이라는 제목을 다음과 같이 바꿔 보면 느낌이 조금 다르다.

'갑돌이와 갑순이가 헤어진 이유' 갑돌이와 갑순이가 헤어진 이유가 바로 떠오르는가? 아마 노랫말을 흥얼거려 봐야 감을 잡을 수 있을 것이다. "갑돌이와 갑순이는 한 마을에 살았더래요. 둘이는 서로서로 사랑을 했더래요. 그러나 둘이는 마음뿐이래요. 겉으로는 모르는 척 했더래요."

이유를 확인했는가? 그렇다. 그들이 헤어진 이유는 서로가 갖고 있던 사랑의 감정을 표현하지 않았기 때문이다. 즉 커뮤니케이션의 부재로 인해 안타까운 상황을 초래한 것이다.

커뮤니케이션이 중요하다는 것에 대한 강의를 한다면

학습자들의 관심을 끌 만한 제목으로 변경하는 것이 효과적이다. '갑돌이와 갑순이가 헤어진 이유'라는 제목은 '커뮤니케이션의 중요성'이라는 제목과는 느낌이 다르다. 제목만 보고 다루어질 내용이나 결론을 직관적으로 알기 어렵기 때문이다.

그렇다면 강의 제목은 어떻게 정하는 것이 좋을까? 강의 제목에 대한 번뜩이는 아이디어가 나오지 않는다면 서점이나 도서관을 방문해 보면 도움을 받을 수 있다. 책장에 꽂혀 있는 책들을 보면 눈에 띄는 제목을 발견할 수 있다. 반드시 해당 강의 주제와 관련된 분야의 책 제목만 볼 필요는 없다.

이 정도의 노력만으로도 준비한 강의 내용에 대한 학습자들의 관심과 흥미를 이끌어 내는 제목을 만들 수 있다. 조금 더 욕심을 내어 보자면 독서를 통해 여러 가지 표현들을 익혀 보는 것도 좋다. 이런 경우라면 그동안 접하지 못했던 표현이나 어휘 등을 별도로 기록해 놓아야 한다. 지금 당장은 아닐지라도 분명히 요긴하게 사용될 수 있다.

강의 제목은 강의라는 옷을 입는 데 있어 첫 단추와 같은 역할을 한다. 첫 단추를 잘 끼워야 나머지 단추도 잘 끼워지며 제대로 옷을 입을 수 있기 때문이다.

교안은 예쁘게 만들어야 하나요

　같은 내용물일지라도 포장지로 포장한 것과 포장되지 않은 것은 받는 이로 하여금 차이를 느끼게 만든다. 그리고 같은 메뉴의 음식일지라도 예쁜 접시에 담긴 것과 일회용 용기에 담긴 음식은 때때로 맛의 차이를 느끼게 만들기도 한다. 분위기의 문제도 있다.

　교안 역시 마찬가지다. 학습자들이 보기 좋게 만든 교안은 교안을 보는 학습자들에게 좋은 인상을 준다. 그런데 보기 좋게 만든 교안은 외형적으로 예쁜 것이 아니다. 그보다는 한눈에 들어와야 한다. 한눈에 들어오는 교안은 간결한 내용을 담고 있는 교안이다. 보고서나 교과서와 같은 형태의 교안은 한눈에 들어오지 않는다.

간결한 교안의 핵심은 교안 한 장에 하나의 메시지, '1 slide 1 message'이다. 음식으로 비유하면 코스 메뉴다. 한 접시 한 접시 나올 때마다 그 음식에만 집중할 수 있도록 만들어야 하는 것과 같다. 그리고 다음에 나올 음식에 대한 기대를 할 수 있도록 해야 한다.

다루어야 할 내용이 많으면 많을수록 각각의 내용을 분리시켜서 만들어야 한다. 교안 한 장에 모든 것을 담겠다고 하면 간결함은 사라지고 감각적으로 표현되지도 않는다.

내용을 나누는 기준은 비교적 쉽다. 무엇인가를 한눈에 비교해서 봐야 하는 내용을 제외한 나머지는 모두 한 장에 하나씩 표현하는 것이 좋다. 한 장에 많은 내용이 담겨 있으면 학습자는 눈앞에 보이는 교안에 매몰된다.

사람은 글자가 보이면 별다른 요청이나 지시가 없더라도 읽기 시작한다. 화장실 벽이나 문에 붙어 있는 명언이나 시를 읽었던 경험이 이를 증명해 줄 수 있다. 아무도 읽으라고 하지 않았음에도 읽지 않았던가. 교안에 쓰인 내용도 마찬가지다.

물론 학습자가 교안에 표현된 많은 내용을 읽었다고 해서 문제가 되는 것은 아니다. 읽기 시작하면 상대적으로 청각이 닫힌다는 것이 문제다. 즉 강의 현장에서 학습자들이 읽어야 할 것이 많으면 교수자의 말이 귀에 들어오지 않는 것이 문제다. 그래서 학습자들이 교수자의 말을 경청하게 만들려면 교안에 담긴 내용이 간결해야 한다. 그래야 한 번 읽은 다음에는 교수자의 말을 귀담아 들을 수 있기 때문이다.

학습자들은 예쁘게 만들어진 교안을 요구하는 것이 아니라 봐야 할 내용이 담긴 교안을 요구한다. 그리고 교안 한 장이 학습자들에게 노출되어 있는 시간이 많지 않다는 것을 생각해 보면 외형적으로 보이는 교안 디자인에 시간을 투입하기보다는 필요한 내용을 선정하고 이를 잘 보이게 만드는 것에 집중하는 것이 효과적이다.

교안에 이미지나 영상 자료가 꼭 있어야 하나요

영상으로 제작된 내용은 해당 정보를 획득하고 장기기억long term memory에 남기는 데 효과적이다. 지금까지 봐왔던 영화나 드라마 등을 떠올려 보면 된다. 만일 같은 내용을 문자로 표현된 책으로 읽었다면 영상에 비해 기억하는 범위와 깊이가 다르다는 것을 알 수 있다.

영상보다는 덜 하지만 사진이나 아이콘과 같은 이미지도 효과적이다. 이와 같은 이미지 역시 머릿속에 잔상으로 오래 기억된다. 사진을 예로 들면 오랜 시간이 흘러도 당시의 상황이나 감정 등을 대부분 떠올릴 수 있기 때문이다.

물론 글자도 도움이 된다. 그렇지만 영상이나 이미지에 비해서는 그 효과가 미미하다. 지금까지 글자를 매개로 한 많은 내용을 접해 왔지만 잘 기억나지 않거나 희미한 정도의 기억만 남아 있는 경우를 생각해 보면 된다.

이런 결과를 떠올려 보면 학습자들이 교육 내용을 오래 기억하거나 시간이 지난 후에도 그 내용을 떠올릴 수 있게 하기 위해서는 교안에 영상자료나 이미지가 포함되어 있어야 하는 이유가 명확해진다.

교수방법적인 측면에서 볼 때에도 이와 같은 자료를 제시하는 것은 학습자로 하여금 해당 내용에 대해 빠르게 인식하게 도와주며 교수자의 전달력에 있어서도 효과적이다. 이와 관련 이중 부호화 이론dual coding theory에 입각한 연구들에 의하면 학습자들에게 교육 내용과 관련된 이미지나 영상을 함께 제시할 때 학습 효과가 배가 된다는 점을 제시하고 있다.

그래서 교육 내용과 관련해서 우선적으로 제시되어야 할 자료의 형태는 영상자료이고 적합한 영상자료가 없을 경우에 이미지를 사용해야 한다. 그리고 글자는 영상자료나 이미지를 찾을 수 없을 때 차선으로 선택해야 하는 표현 방식이다.

막상 교안에서는 이와 같은 자료의 우선순위가 역으로 제시되는 경우가 많다. 글자가 많고 간혹 이미지가 포함되며 교육 내용과 직접적으로 연관되지 않은 영상자료가 사용되는 것이다.

이렇게 만들어지는 이유는 대개 만드는 사람의 입장에서 접근하기 때문이다. 실제로 글자로 표현하는 것이 훨씬 쉽다. 시간도 덜 쓰게 된다. 그런데 글자로 표현한 것을 이미지로 대체하는 것은 생각보다 쉽지 않다. 적절한 이미지를 떠올리거나 선택하는 것 등과 같은 과정이 녹록지 않기 때문이다. 이를 영상자료로 대체하는 것은 더 힘들다. 생각하는 것과 정확하게 일치하는 자료를 찾기 쉽지 않을뿐더러 직접 제작하기에는 시간, 인력, 예산 등이 만만치 않게 요구되기 때문이다.

그렇다고 해서 현실에 안주하거나 타협하는 것은 바람직하지 않다. 적어도 교수자로서 자신이 다루는 내용이 학습자에게 오래 남기를 바란다면 말이다.

교안의 내용은 어떻게 작성하면 될까요

교안을 만들기 위해 파워포인트를 실행하면 하얀색 바탕이 나온다. 일종의 도화지가 눈앞에 펼쳐진 것이다. 준비된 교육 내용을 하나씩 하나씩 담으면 교안은 완성된다. 한마디로 참 쉽다.

하지만 막상 강의 내용을 교안으로 만들려고 하면 고민이 깊어진다. 모든 내용이 한눈에 들어올 수 있게 만들기도 어렵고 무엇 하나 빼는 것도 쉽지 않다. 교안의 전체 분량이 적어도 문제지만 그렇다고 해서 많아지는 것도 부담스럽다.

그래서 교수자는 교안을 작성할 때 몇 가지 기준을 가지고 접근할 필요가 있다. 첫 번째 기준은 강의 시간이다.

즉 강의 시간에 맞는 교안을 작성해야 한다. 강의 내용에 따라 차이는 있겠지만 적정한 교안의 분량은 1분에 한 장 정도다. 그래서 강의 시간이 50분이라면 50장의 교안이 필요하다. 물론 교수방법 중 토의나 토론, 실습 등이 포함되거나 짧은 영상자료를 시청해야 된다면 그 시간만큼 교안의 분량은 더 적어진다.

한 장의 교안으로 일 분 내외를 설명한다면 교안에 포함되어야 할 내용은 많지 않다. 소제목, 핵심 메시지, 개략적인 주요 내용 정도가 포함될 가능성이 크다. 그리고 이렇게 교안을 작성하고 나면 막상 세부 내용은 드러나지 않는 경우가 많다. 한마디로 교안에서 학습자들이나 교수자가 읽어야 할 내용은 거의 없는 것이다.

이 점이 교안을 작성하는 데 있어 간과하지 말아야 하는 부분이다. 경청의 질은 글자의 수와 반비례한다. 그래서 교수자의 말에 학습자가 경청하도록 만들려면 무엇보다 교안에 기록한 글자 수를 줄여야 한다.

교안의 내용을 간결하게 하는 것은 교수자에게도 도움이 된다. 한 장의 교안에 많은 내용을 담으면 교수자 역시 부지불식간에 교안을 보고 읽게 된다. 교수자의 시선이 교안으로 가게 되면 학습자들의 반응이나 상태를 볼 수 없게 된다. 이렇게 되면 교수자와 학습자 사이의 상호작용은 기대하기 어렵다. 극단적으로는 교수자가 준비된 교안을 읽고 끝나게 되는 상황을 맞이할 수도 있다.

교안에는 교수자와 학습자가 읽어야 하는 내용을 담기보다는 학습하는 내용과 관련해서 길을 잃지 않도록 하는 이정표를 담는 것으로 충분하다. 그리고 강의 현장에서 설명하기 복잡하거나 직접 표현하기 어렵거나 시간이 많이 소요되는 내용을 제시해 주는 정도면 된다. 일례로 그래프나 표가 있다면 말로 설명하기보다는 교안으로 보여 주는 것이 효과적인 것이다.

그래서 교안으로 표현되거나 교안에 담아야 하는 내용은 그림이나 사진 혹은 영상자료 등이며 그 밖의 내용은 핵심 단어나 메시지를 제시하고 직접적인 설명은 교수자가 학습자들을 바라보면서 해야 한다.

그럼에도 불구하고 한 장의 교안에 많은 내용이 들어가는 경우가 있다면 핵심이 되는 단어를 강조해야 한다. 강조하는 방법은 글자색으로 구분하거나 다른 글자에 비해 글자의 크기를 크게 바꾸는 정도면 된다.

교안이 잘 만들어졌는지는 교안을 봤을 때 핵심 단어나 메시지가 한눈에 보이는지 확인해 보면 된다. 만일 그렇지 않다면 한 장에 포함된 내용들을 여러 장의 교안으로 나누어서 작성하는 것과 같이 수정이 필요하다.

물고기를 잡으러 간 낚시꾼은 물고기가 좋아하는 미끼를 끼운다. 결코 자신이 좋아하는 미끼를 끼우는 법은 없다. 교안 역시 마찬가지다. 교안은 교수자가 아니라 학습자들을 위한 것이다. 이런 측면에서 보면 교안은 학습자가 보기에 편하고 한눈에 볼 수 있도록 만들어야 한다. 교수자가 이와 같이 교안을 만들었을 때 교안은 제 기능을 할 수 있다.

교재와 교보재는 꼭 준비해야 하나요

보다 효과적인 교육을 위해 교재와 교보재가 필요한 경우가 있다. 학습자들은 귀로 듣기만 하는 것보다 눈으로 보는 것을 통해 더 많이 이해하게 되고 눈으로 보는 것보다 직접 손발을 움직여 만지고 활동하는 것을 통해 해당 내용에 대한 습득이 빨라진다.

이와 같은 이유로 교수자는 학습자들이 볼 수 있는 교재도 준비하고 직간접적인 체험이나 실습을 해 볼 수 있는 교보재를 만들기도 한다.

일반적으로 교재에는 교안에 담겨 있지 않은 구체적이고 세부적인 내용들이 포함되어 있다. 이 점은 교재와 교안이 다르다는 것을 의미하기도 한다. 그리고 교보재는 학습자들이 학습하는 내용을 이해하기에 최적화된 도구나 물품 등이 준비되는 경우가 많다.

 교재와 교보재는 글자 그대로 학습자들의 학습을 도와주는 역할을 한다. 그런데 간혹 교수자가 의도치 않은 상황을 마주하게 될 때도 있다. 학습자들의 시선과 관심이 교수자나 교육 내용이 아닌 교재나 교보재로 쏠리게 될 때다.

 이런 상황은 대부분 교재와 교보재를 미리 꺼내 놓거나 학습자들에게 배부했을 때 발생한다. 학습자의 책상 위에 올려져 있는 교재나 교보재는 교수자의 안내 여부와 관계없이 학습자의 손에서 떠나지 않는다.

 이렇게 되면 교수자의 강의에 대한 집중이 저하된다. 학습자들은 교수자의 말을 듣기보다 손으로 만져지는 교재와 교보재를 살펴보기 때문이다. 더군다나 교안의 내용이 교재와 같을 경우, 학습자들은 교수자를 보기보다는 교재를 들여다보고 있을 가능성이 높다.

 그래서 강의 시 교재와 교보재는 보다 선택적으로 사용할 필요가 있다. 교재와 교보재는 강의 시작 전부터 배부하기보다는 이를 활용한 활동이 있을 때 배부하는 편이 보다 효과적이다.

 교재나 교보재가 필요하지 않은 시간에 이와 같은 자료

들이 놓여 있다면 학습자들은 의미 없이 교재를 펼쳐 보거나 교수자의 강의에 집중하지 않을 가능성이 높다. 한편 불가피하게 교재와 교보재가 사전에 준비되어야 하는 경우라면 교수자는 그 교재와 교보재를 사용하게 되는 시간이나 시점에 대한 안내를 해 줄 필요가 있다.

7장

온라인 강의

온라인 강의는 다른가요

온라인 강의에 대한 인식은 크게 두 가지다. 효과가 있다는 측면과 효과가 없다는 측면이다.

효과가 없다는 생각의 기저에는 몇 가지 경험이 있다. 먼저 온라인 강의에서는 학습자가 학습 중에 다른 활동이 가능하다는 경험과 연계된다. 이는 온라인에 접속해 있지만 다른 사람과 채팅을 하거나 음악을 듣거나 업무를 하는 등 얼마든지 학습 외적인 활동을 했던 학습자의 경우다.

다음으로는 온라인 강의는 듣기만 하면 된다는 경험도 있다. 랜선 넘어 들려오는 교수자의 강의는 대부분 일방향적이며 학습자를 대상으로 질문하는 경우도 거의 없다. 상황이 이렇다 보니 학습자는 주의집중을 소홀히 하기도 하고 나중에 다시 들으면 된다는 생각도 하게 된다. 물론 나중에 다시 듣는 경우는 드물다.

그리고 온라인 강의를 듣는 것은 부담이 없다는 경험도 작용한다. 학습자 입장에서 학습에 부담이 없다는 의미는 로그인을 하거나 재생 버튼을 누르는 것만으로 학습을 했다고 생각하기 때문이다. 이는 일종의 착각이다. 시스템상의 수료와 실제 학습은 전혀 다른 이야기다.

이와 같은 경험 등으로 인해 많은 학습자들은 온라인 강의에 대한 기대가 크지 않고 현실에서의 만족감 역시 떨어진다. 하지만 이는 교수자가 온라인 강의를 준비할 때 고려해야 하는 점들을 누락했기 때문에 발생했을 가능성이 크다. 온라인 강의는 온라인 교육의 특징과 교육 조건을 반영해서 접근해야 한다.

온라인 교육의 특징은 크게 세 가지다. **수요자 중심**on demand으로 접근해야 한다는 점과 가능한 **실시간**real time으로 해야 한다는 점 그리고 **학습자에게 최적화**customized**된 콘텐츠**를 다루어야 한다는 점이다.

이와 함께 온라인 교육을 위한 조건은 멀티미디어 학습자료를 활용하고 다양한 학습방법을 적용해야 하며 학습자와 교수자, 학습자와 학습자 사이에 빈번한 커뮤니케이션이 이루어질 수 있는 환경을 갖추는 것이다.

이는 교수자가 온라인 강의를 하게 되는 경우라면 오프라인에서 해 왔던 내용과 방법에서 벗어나야 한다는 의미이기도 하다.

더군다나 온라인 교육이 네트워크를 기반으로 디지털화된 학습 콘텐츠를 학습자의 인지구조로 재구조화하는 일련의 학습활동이라는 점에서 볼 때 온라인 교육의 일환이라고 볼 수 있는 온라인 강의는 그 출발점이 다르다.

이에 더해 온라인 강의 시 디지털화된 학습 콘텐츠를 학습자의 인지구조로 재구조화하기 위해서는 콘텐츠의 내용과 분량에 대해 보다 많은 고민이 필요하다.

특히 온라인 강의에서는 학습자가 학습하는 과정에서 스스로 생각을 많이 할 수 있는 방법을 고려하고 적용해야 한다. 그래야만 학습 내용에 대해 더 오래 기억하며 효과를 기대해 볼 수 있다. 이를 이른바 창출 효과generation effect라고도 한다.

따라서 온라인 강의의 준비, 실행, 평가 등 일련의 단계는 오프라인 강의와는 다르게 접근할 필요가 있다. 온라인 강의는 강의 장소가 물리적 공간에서 사이버 공간으로 바뀐 정도가 아니다. 오프라인에서 했던 강의를 촬영해서

업로드한 것 역시 온라인 강의라고 보기 어렵다. 해당 콘텐츠의 조회 수가 많다고 해서 교육이 효과적이었다고 말하기도 쉽지 않다.

이러한 측면에서 온라인 강의를 하는 교수자는 오프라인 강의보다 조금 더 많이 준비하고 연습해야 한다. 온라인 강의는 다르기 때문이다.

온라인 강의 교안은 어떻게 구성해야 하나요

온라인 강의는 학습자에게 제시되는 첫 번째 화면과 교수자의 말에 따라 성패가 좌우된다. 온라인 강의의 성패란 일차적으로 학습자가 온라인에 머무는지에 대한 여부를 말한다.

학습자는 온라인 강의에 접속한 후 1분 이내에 계속 머물면서 들을 것인지를 결정한다. 그래서 온라인 강의 교안 구성은 보다 신경을 많이 써야 한다.

온라인 강의 교안을 구성한다면 크게 몇 가지 측면을 살펴봐야 한다. 먼저 학습자들의 주의집중이 가능하도록 구성해야 한다. 학습자들의 주의attention는 일반적으로 시간의 흐름과 반비례한다.

이는 강의가 시작된 직후의 집중도가 시간이 흐를수록 점차 낮아지는 것을 의미하는데 일반적으로는 교수학습방법의 변화가 없는 경우에 나타난다. 이와 같은 문제를 해결하기 위한 방법 중 하나는 10분 정도의 시간을 전후로 교수학습방법의 변화를 주는 것이다.

쉽게 접근하면 교수자의 모습이 나오는 화면과 교안이 제시된 화면을 바꿔주는 것도 방법이다. 그러나 이와 같은 패턴이 지속되면 결과적으로 학습자는 같은 패턴으로 인식하기 때문에 보다 다양한 방법을 혼용하는 것이 필요하다.

가령 교수자의 질문과 학습자의 답변 그리고 답변에 대한 동료 학습자들의 의견 청취는 물론, 교수자에 의한 설명 등이 병행된다면 온라인 강의라고 할지라도 보다 역동적으로 강의를 구성할 수 있다.

다음으로는 학습자들이 링크^{link}를 통해 학습자료를 볼 수 있도록 구성해야 한다. 가능하면 학습자료는 사전에 학습자들에게 링크를 통해 전달하고 강의 시에 학습자들이 해당 링크에 접속해서 자료를 확인할 수 있도록 해야 한다. 학습자료는 영상자료가 될 수도 있고 일반 문서 등과 같은 자료가 될 수도 있다.

학습자료를 사전에 링크로 공유하는 이유는 온라인 강의가 네트워크의 영향을 받는 상황에서 특히 파일 용량이 큰 경우라면 학습자들이 시청하거나 보는 데 있어 불편함을 초래할 수 있기 때문이다. 또한 학습자들의 학습 피로도를 줄이기 위해서 학습자료를 개별적으로 볼 수 있는 환경을 별도로 마련해 준다는 측면도 고려해야 하기 때문이다.

교수자는 학습자들에게 사전에 제공된 링크를 볼 수 있는 시간을 부여하고 다시 온라인 강의에 입장할 수 있도록 안내해 줄 필요가 있다. 이 과정에서 학습자들은 상대적으로 편안한 마음으로 학습자료를 살펴볼 수 있으며 주의환기의 효과도 덤으로 얻을 수 있다.

이와 함께 교안을 구성할 때 슬라이드의 레이아웃layout을 조정해야 한다. 온라인 강의에 사용되는 다양한 플랫폼들이 있다. 대부분은 교안을 공유할 수 있는 기능들을 탑재하고 있다. 그런데 이러한 플랫폼에서 제공되는 최적화된 화면 비율은 16:9의 비율이다.

따라서 교수자는 온라인 강의 교안을 만들 때 이와 같은 비율에 기반해야 한다. 이와 함께 교안 화면은 세로로 세 개로 분할하여 오른쪽 1/3 정도의 공간은 비워 놓을 필요가 있다. 대개의 경우 오른쪽 화면에는 학습자들의 모습이 나오는 화면이 배치되는데 교안 작성 시 이 정도의 여백을 확보해 놓지 않으면 학습자들의 모습과 교안의 내용이 겹칠 수도 있기 때문이다.

아울러 온라인 강의 시간은 하나의 콘텐츠당 30분 이내로 구성하는 편이 좋다. 이는 앞서 제시한 학습자의 주의집중과도 연계된다. 오프라인 강의와 달리 온라인 강의는 학습자의 피로도가 상대적으로 크다.

온라인 강의에서 학습자의 인지 부하를 줄여 줄 수 있는 손쉬운 방법은 강의 시간을 짧게 구성하는 것이다. 많은 내용을 다루어야 하는 경우라면 각각의 내용을 30분 이내로 나누어 제공하는 것이 좋다. 25분간 집중한 후 5분간 휴식하는 포모도로pomodoro 기법을 활용하는 것이다.

온라인 강의 콘텐츠는 어떻게 만들면 좋을까요

학습자별 사용하는 디지털 기기의 차이는 있겠지만 대부분 PC 모니터나 휴대폰, 태블릿 PC를 통해 강의를 듣게 된다. 게다가 시각과 청각 에너지의 소모도 크다. 이런 점으로만 봐도 온라인 강의는 학습자의 인지 부하에 적잖은 영향을 미치게 된다는 것을 알 수 있다.

따라서 온라인 강의를 위한 콘텐츠는 간결하고 짧게 만들어야 한다. 이른바 한 입에 넣을 수 있는 one-bite 콘텐츠여야 한다. 다른 표현으로는 마이크로 콘텐츠 micro contents라고도 한다.

마이크로 콘텐츠는 대체로 키워드를 중심으로 표현되는 경우가 많다. 글자 크기도 관건이다. 정해진 글자 크기는 없지만 적어도 36pt 이상은 되어야 한다. 내용이 많다고 해서 글자 크기를 줄이면 학습자가 잘 볼 수 없다. 학습자가 볼 수 없는 내용은 콘텐츠로 적절하지 않다.

콘텐츠를 표현하는 색상도 고려사항이다. 가능한 세 가지 색상을 넘지 않는 것이 좋다. 다양한 색상을 사용하게 되면 학습자의 주의가 분산되고 제시된 내용 중에서 무엇을 봐야 하는지도 모호해진다. 눈의 피로도도 높아진다.

그리고 콘텐츠에 애니메이션 효과를 적용하는 것도 가급적 하지 않아야 한다. 과도한 애니메이션 효과는 학습자들의 PC 사양이나 네트워크 상태에 따라 원활하게 작동되지 않을 수도 있다. 또한 온라인 강의에서 애니메이션 효과는 학습자들의 주의를 끌기에 적절하지 않으므로 다른 방법을 찾아 적용하는 편이 좋다.

온라인 강의 콘텐츠의 형식과 관련해서 참고할 만한 좋은 예 중 하나는 뉴스 화면이다. 뉴스에서 보여 주는 화면을 살펴보면 글자도 크고 내용도 많지 않다. 앞서 언급한 바와 같이 여러 가지 색상을 사용하지도 않는 것은 물론이다.

아울러 사용되는 폰트 역시 교수자의 취향이 아니라 학습자를 고려해서 선택해야 한다. 폰트는 가독성可讀性이 좋은 것과 명시성明視性이 좋은 것으로 구분된다.

가독성은 읽기에 편한 폰트이고 명시성은 보기에 편한 폰트이다. 따라서 디지털 기기를 통해 내용을 보는 학습자를 생각하면 가독성이 좋은 명조 계열 폰트보다는 명시성이 높은 고딕 계열 폰트를 사용하는 것이 좋다. 이와 함께 온라인 강의 콘텐츠 제작은 SNS에서 보이는 자료에서도 힌트를 얻을 수 있다.

그동안 SNS에서 봐 왔던 내용들을 다시 한번 살펴보자. 눈에 잘 들어오는 콘텐츠를 비롯해서 스쳐 지나가지 않고 추가적인 내용들을 살펴보게 되는 콘텐츠들을 발견할 수 있다.

이런 콘텐츠들을 관찰해 보면 몇 가지 특징들이 있는데 보는 이로 하여금 관심을 불러일으키는 단어나 어휘를 사용한다는 것이다. 최신 트렌드나 유행어를 응용하거나 패러디한 것을 비롯해서 직관적으로 알 수 있는 표현을 하기도 한다.

다음으로는 제시되는 내용이 복잡하지 않다는 것이다. 온라인 강의 콘텐츠는 다루고자 하는 모든 내용을 담을 수 없다. 설령 모든 내용을 담아낸다고 할지라도 사장되기 십상이다. 보험약관에 깨알같이 적힌 내용을 보는 사람이 거의 없는 것과 마찬가지다. 제품 사용설명서도 마찬가지다.

다만 이런 점을 알아챘는지 이제는 세세한 내용이 적혀 있는 설명서와 함께 그림이나 사진으로 표현된 한 장 내외의 핵심 설명서가 동봉되어 오는 경우가 많다. 온라인 강의 콘텐츠 역시 이를 참고해 볼 만하다.

온라인 강의 콘텐츠는 얼마나 많은 내용을 담고 있는지가 중요한 것이 아니다. 중요한 것은 학습자들이 콘텐츠에 대해 부담 갖지 않도록 하는 것이다.

온라인 강의 시 고려해야 할 내용은 무엇인가요

온라인 강의를 해야 한다면 오프라인 강의와 달리 몇 가지 확인하고 고려해야 할 점들이 있다.

무엇보다 예비 계획plan B을 준비해야 한다. 예비 계획이란 온라인 강의 시 발생할 수 있는 여러 가지 문제점들에 대한 준비와 대책을 의미한다. 예를 들어 온라인 강의 중 네트워크의 문제나 교수자 혹은 학습자 PC 등의 문제로 인해 더 이상 온라인 강의를 진행하기 어려운 상황이라면 어떻게 할 것인가에 대한 대책이다.

대책을 미리 마련해 놓지 않는다면 만에 하나 이런 상황에 처했을 때 대처하기가 쉽지 않다. 물론 잠깐 기다려서 해결되는 경우도 있겠지만 교수자는 이렇게 안일하게 생각할 것이 아니라 보다 면밀하게 생각하고 준비해 놓아야 한다.

그리고 이와 같은 대책은 온라인 강의를 듣는 학습자들에게 사전 제공되는 안내 자료에 포함시키고 강의 당일에도 추가적으로 안내해 줄 필요가 있다. 이러한 안내는 학습자들로 하여금 교수자의 세심함을 간접적으로 전달해 주는 것뿐만 아니라 강의 외적인 부분에서의 학습 불만 요소를 사전에 차단할 수 있는 역할도 한다.

다음으로 온라인 강의에 사용되는 각종 기기들의 점검은 두말할 나위도 없다. 교수자가 사용하는 PC는 물론, 오디오, 마이크, 카메라, 조명 등에 이르기까지 일일이 확인해야 한다.

이와 더불어 학습자들에게도 온라인 강의를 들을 수 있는 디지털 기기의 최소 사양과 필요한 소프트웨어를 안내하고 사전에 설치와 확인을 해 볼 수 있도록 안내해야 한다.

그리고 온라인으로 강의를 하는 중에 발생하는 문제점을 최소화하기 위해서는 강의를 시작하기 전에 이러한 점에 대해 반드시 확인을 해야 한다.

온라인 강의를 위해 고려해야 하는 내용 중에는 학습

공간도 포함된다. 온라인 강의는 교수자와 학습자 모두 별도의 공간이 필요하다. 학습자의 입장에서 보면 사무실은 온라인 강의를 듣고 학습하기에 적절치 않다. 아무리 학습을 한다고 해도 전화, 이메일, 회의 등에서 자유로울 수 없다. 더군다나 실시간으로 이루어지는 온라인 강의라면 교수자와의 커뮤니케이션도 제한된다.

따라서 온라인 강의의 원활한 전개와 효과를 위해서는 학습자의 개별적인 학습 공간 마련이 필요하며 이는 온라인 강의를 들을 수 있는 최소한의 조건에 해당되기도 한다.

한편 온라인 강의가 확산됨에 따라 온라인상에서 활용할 수 있는 다양한 웹 사이트와 애플리케이션, 소프트웨어 등도 많아졌다. 대부분은 교수학습활동의 편의성과 효율성 등에 도움을 준다.

그런데 이때 교수자가 주의해야 할 점이 있다. 교수자가 사용하기에 편리한 것도 좋지만 무엇보다 학습자가 불편하지 않도록 해야 한다. 예를 들면 특정 웹사이트에서 제공하는 도구를 사용함에 있어 학습자들이 프로그램 설치나 회원가입 등의 복잡한 절차를 거치지 않도록 하는 것이다. 만일 필요하다면 이 역시 사전에 충분히 학습자들에게 안내되어 온라인 강의 전에 설치와 확인이 이루어져야 한다.

    끝으로 온라인 강의에서도 학습자 간 상호작용이 필요하다. 이는 교수자가 학습자와 아이스 브레이킹ice breaking을 해야 한다는 것이다. 특히, 온라인 강의가 교수자의 일방향적인 커뮤니케이션이 아니라 학습자와의 쌍방향적인 커뮤니케이션이 요구되는 내용이라면 더 필요하다. 일일이 화면을 보고 인사를 나누는 방법도 있겠지만 온라인에서는 보다 창의적인 방법을 찾아 적용해 볼 만하다.

8부

사내강사

사내강사의 역할은 무엇인가요

조직 내에서 공식적으로 강단에 서는 구성원들이 있다. 이른바 사내강사다. 일반적으로 이들은 자신의 직무와 관련된 지식과 기술을 동료들에게 전달한다. 이와 함께 자신의 경험과 사례 등을 조직의 미션과 비전 그리고 가치와 연계하여 동료들과 공감대를 형성하고 현업에서 실천하고자 하는 의지를 이끌어 내는 역할을 수행하기도 한다. 그래서 조직에서 사내강사는 주로 해당 분야의 전문가나 고경력자들이 맡는 경우가 많으며 대개는 내부에서 선발된다.

하지만 이에 부합하는 이들 모두가 강단에 설 수 있는 것은 아니다. 직무에 대한 전문성이나 경험만으로는 강단에 서기 쉽지 않다. 자신이 속한 조직과 업業에 대한 오너

십ownership이 그 바탕에 있어야 한다. 이뿐만이 아니다. 구성원들 앞에 서는 것에 대해서도 즐거워할 수 있어야 한다. 즐거움을 느끼기 위해서는 자발성과 주도성 등을 비롯해서 해당 분야에 대한 지식과 스킬도 필요하다. 이를 한마디로 정리하면 강의 역량이 있어야 한다고 말할 수 있다. 이렇게 보면 사내강사는 누구에게나 열려 있지만 아무나 할 수 있는 것은 아니다.

조직 내에서 표면적으로 보여지는 사내강사의 역할은 단순하게 보일 수도 있다. 정해진 내용을 주어진 시간에 전달하는 것처럼 보이기 때문이다. 그러나 실제는 다르다. 수면 아래에는 그 이상의 역할이 있다.

사내강사의 역할 중 하나는 조직의 **변화주도자 혹은 변화관리자**change agent**로서의 역할**이다. 이들은 직무와 관련된 개선 사례나 방안 등을 제시함으로써 현장의 변화를 이끌어 내기도 한다. 그리고 경우에 따라 조직문화를 바꿔 나가는 데 있어 구성원들 간 공감대를 형성하거나 이를 실행으로 옮기는 계기를 마련해 줄 수도 있다. 물론 한 명의 사내강사가 직접 하기에는 어려울 수 있다. 하지만 커다란 눈사람을 만들고자 할 때 주먹 크기 만한 눈덩이로 시작한다는 것을 떠올려보면 아예 불가능한 것도 아니다.

다음으로는 **조직 내 지적자산 승계자**intellectual assets successor**로서의 역할**이다. 조직에는 오랫동안 축적되어 온 지식과 경험 그리고 기술 등이 존재한다. 이와 같은 내용들 중 상당량은 조직 내 존재하는 문서나 파일 등을 비롯해서 공식적인 경로를 통해서는 알 수 없는 경우가 많다. 그리고 개인적으로 체화體化되어 표현하거나 설명하기 어려운 경우도 있다. 즉 일종의 암묵지tacit knowledge가 많은 것이다. 사내강사는 이와 같은 암묵지를 형식지explicit knowledge화 하여 조직의 지적자산을 관리하고 활용하며 구성원들에게 승계하는 중요한 매개체가 될 수 있다.

이와 더불어 사내강사는 **구성원들의 역할 모델**role model**로서의 역할**도 한다. 지식이나 경험 그리고 직무능력 만으로는 강단에 설 수 없다. 강단에 세워서도 안 된다. 이를 상회하는 인성과 인품도 갖추어야 한다. 대내외적인 신뢰와 인정도 필요하다. 사내강사의 입을 통해 전달되는 내용을 비롯해서 사내강사의 태도를 통해 보여지는 모든 것들은 직간접적으로 구성원들에게 영향을 미치기 때문이다. 그래서 사내강사는 적어도 강의에서 다루고자 하는 내용에 대해서는 현업 현장과 강의장에서 몸소 실천해야 한다.

사내강사가 이와 같은 역할을 할 수 있고 해야 하는

배경에는 현장의 언어와 내부의 사례 등을 공유하고 있는 동료이자 직무와 역할에 대한 선경험이 있는 선배라는 것이 자리 잡고 있다. 또한 구성원들과 같은 조직에 있어 동질감이 형성되어 있다는 것도 무시할 수 없는 배경이다. 실제로 조직 내에서 이와 같은 역할을 하는 사내강사의 중요성은 이미 많은 사례와 연구 등을 통해 제시되었다.

사내강사를 운영하면 효과가 있나요

사내강사는 일반적으로 직무 수행 역량이 탁월하며 조직과 동료에게 친화적이다. 이와 같은 특성은 자연스럽게 조직몰입organizational commitment과 직무몰입job engagement으로 이어지게 된다. 더군다나 사내강사는 스스로 손을 들어 할 수 있는 직책이 아니기에 조직 내 인정도 가미된다.

이러한 이유로 인해 조직의 구성원들은 사내강사로 선발되었다는 것에 대한 개인적인 자부심도 큰 편이다. 해외 기업의 경우, 사내강사는 핵심인재 중에서 선발하며 사내강사에 의해서만 구성원 교육을 하는 곳도 있다. 이와 같은 점으로 미루어 볼 때 조직에서 사내강사 제도를 구축하고 운영함으로써 얻을 수 있는 효과는 많다.

　업무적인 측면에서 보면 사내강사 개인의 직무수행 역량을 향상시킨다는 점이다. 강의를 해 본 경험이 있다면 강의에 앞서 많은 준비를 해야 한다는 것을 모르지 않는다. 대충 준비해서는 강단에 서기 어렵다. 같은 내용일지라도 학습자의 특성이나 변화하는 환경 등을 고려해서 준비해야 한다. 이런 점에서 볼 때 사내강사로서 강의를 준비하는 과정은 곧 직무에 대한 학습의 과정이며 치열한 고민의 과정이다.

　그래서 사내강사는 가르치면서 배우기도 하고 공유하면서 배우기도 하는 위치에 있다고 할 수 있다. 그리고 이는 개인적인 측면에서 성장하는 과정이며 성장의 결과이기도 하다.

　조직적인 측면에서 보면 **구성원들에게 다른 차원의 직원 경험**employee experience을 제공해 줄 수 있다는 점도 있다. 사내강사의 경험을 하게 된 구성원들은 칩 히스Chip Heath와 댄 히스Dan Heath가 〈The Power of Moments〉에서 제시한 황홀감, 통찰, 스스로에 대한 자부심 그리고 타인과의 교감 등을 느낄 수 있다.

　그리고 이를 통해 조직과 일 그리고 동료에 대한 긍정

적인 마인드가 형성되기도 한다. 이와 더불어 양질의 사내강사가 많은 조직은 자연스럽게 학습하는 문화가 조성된다.

아울러 조직에서 사내강사를 양성하는 과정을 마련하고 운영한다면 구성원들의 프레젠테이션 스킬과 스피치 역량 등이 향상되는 것은 덤으로 얻을 수도 있다.

한편 교육대상자라고 할 수 있는 구성원들도 효과를 볼 수 있다. 동료로서의 사내강사와 마주하게 되는 경우, **새로운 소통의 활로**가 열리게 된다. 예를 들면 다루어지는 내용과 관련된 내부의 이슈 등에 대해서도 비교적 쉽고 자유롭게 의견을 주고받을 수 있다. 또한 교육에서 다루어진 내용에 대해 지속적인 연결고리가 만들어질 가능성도 크다. 동료 학습peer learning이 활성화되고 그 과정에서 그룹 다이나믹스group dynamics가 발생할 수도 있다. 이는 조직의 지속적인 성장을 비롯해서 성과 창출을 위해 간과할 수 없는 내용들이기도 하다. 물론 이와 같은 점들은 사외강사로부터 쉽게 얻을 수 없는 부분이기도 하다.

사내강사를 어떻게 육성해야 하나요

조직에서 사내강사제도를 기획하고 운영하고자 한다면 몇 가지 측면에서 살펴봐야 한다. 먼저 사내강사를 선발한다면 일정 수준 이상의 자격 기준은 마련되어 있어야 한다. 이는 사내강사로 선발된 이들이 자부심을 갖게 되는 계기가 될 뿐만 아니라 타인 앞에 설 수 있는 자격이 있다는 것에 대해 조직에서 인정한다는 것을 의미하기도 하다.

이를 위해서는 조직의 HRD와 HRM이 사내강사를 직무 차원에서 단순하게 접근할 것이 아니라 인재육성차원에서 보다 **거시적인 관점을 가지고 전략적으로 접근해** 볼 필요가 있다.

다음으로 **사내강사의 상징성을** 부여해야 한다. 가능하다면 내부에서의 상징성을 넘어 외부에도 드러날 수 있는 상징성을 고려해 볼 필요가 있다. 쉽게 접근하면 명함이나 이메일 서명에 사내강사instructor 혹은 내용전문가SME, Subject Matter Expert 등과 같은 표기를 추가하는 것이다.

이는 외적보상이 아닌 내적보상 측면이다. 외적보상은 개개인의 기대에 미치지 못하는 경우가 많다. 그리고 지속적인 동력으로 작용하지도 않는다. 따라서 스스로 의미를 부여하고 자긍심을 가질 수 있는 내적보상으로 접근할 필요가 있다.

아울러 **사내강사에게 다양한 교육 기회를 제공**하는 것도 필요하다. 양질의 결과물output은 양질의 투입물input이 있어야 가능하다.

이를 위해서는 사내강사들이 자신이 다루고 있는 주제와 관련된 세미나, 포럼, 컨퍼런스 등에 참석할 수 있는 여건을 마련해 주어야 한다. 커뮤니티 등과 같은 인적 네트워킹의 자리도 필요하다. 직접적인 관계가 없을지라도 새로운 학습 또는 경험을 할 수 있는 기회를 부여해 줄 필요가 있다. 이는 음식의 재료와 방법이 바뀌지 않으면 새로운 메뉴를 개발할 수 없는 것과 다를 바 없다.

과거와 달리 기업교육에서 'What'보다 'Who'가 더 중요해지고 있다. 그리고 어디에서 만들어졌느냐Made in보다 누구에 의해 만들어졌느냐Made by가 더 중요해졌다. 한마디로 그 이유를 설명하면 누구에게 배웠느냐에 따라 교육의 효과가 달라지기 때문이라고 할 수 있다.

'educate교육하다'의 어원은 'educare'다. '끄집어내다'라는 의미를 지니고 있다. 주목해야 할 점은 교육에서 끄집어내야 하는 것이 강단 앞에 서 있는 사내강사의 지식이나 경험 등에 국한되지 않는다는 것이다.

오히려 끄집어내야 하는 것은 학습자로 하여금 배운 내용을 실천해 보겠다는 의지나 현업에 접목시켜 보겠다는 생각이다. 사내강사는 이런 측면에서 준비하고 강단에 서야 한다. 이에 더해 사내강사를 육성하는 것도 마찬가지의 관점에서 접근해야 한다.

영국의 철학자이자 교육자인 알프레드 화이트헤드Alfred N. Whitehead는 "좋은 교사는 설명하고 훌륭한 교사는 모범을 보이며 위대한 교사는 불을 지핀다"고 했다. 개인과 조직의 미래는 지금 누구에게 어떤 교육을 어떻게 받고 있는지에 따라 영향을 받는다. 그리고 조직의 구성원들에게는 좋은 교사이자 훌륭한 교사를 넘어 위대한 교사가 필요하다.

이런 측면에서 보면 지금 구성원들 앞에 서 있는 사내강사를 다시 주목해 볼 필요가 있다. 그리고 사내강사에게 기대할 수 있는 역할을 수행할 수 있도록 지원하고 이를 펼칠 수 있는 장을 마련해 주어야 한다.

사내강사가 주의해야 할 점은 무엇인가요

누구에게나 본능이 있다. 생각하지 않고도 자연스럽게 나오는 말과 행동은 경우에 따라 자칫 의도치 않은 결과를 불러일으키기도 한다. 일상에서 흔히 접할 수 있는 본능은 현재 처한 상황이나 환경에 대한 불평이나 스스로에 대한 과시 혹은 어떤 일을 할 때 가능한 쉽고 편한 방법을 선택하려는 것 등이다.

많은 경우 본능대로 했을 때 남는 것은 그리 긍정적이지 않다. '그렇게 하지 말걸' '이렇게 했어야 했는데' '다음에는 이렇게 해야지' 등 주로 후회와 아쉬움 그리고 앞으로의 다짐 정도가 남는다. 그러나 이에 대한 개선이 이루어지지 않으면 매번 같은 결과를 마주하게 된다.

강단에 서는 교수자 역시 이러한 본능에서 자유롭지 않다. 이를 테면 강의 환경이나 장비 혹은 학습자의 분위기를 탓하거나 "나 때는 말이야"와 같은 말로 시작하는 자신의 옛 이야기를 하는 것이다. 교안을 만든다면 복사해서 붙여넣기 같이 상대적으로 쉽고 편리한 방법을 택하는 것도 일종의 본능에 포함된다.

이러한 본능 몇 가지를 더 살펴보면 강의 준비를 위한 시간을 소홀히 한다는 것이다. 그 배경에는 잘 알고 있는 내용이라든지 이미 여러 번 강의한 적이 있다든지 등 여러 가지 이유가 있다. 하지만 교수자로서 강의 준비에 할애해야 할 준비 시간은 실제 강의 시간 대비 적어도 10배 정도가 필요하다.

다음으로 의도적이지는 않겠지만 어렵게 설명하려는 것도 있다. 부지불식간에 약어나 전문용어 등을 빈번히 사용하고 간결한 설명 대신 복잡한 설명을 택하는 것이다. 이와 같은 강의에서는 학습자들의 불편함이 가중되고 질문도 나오지 않는다. 반면 학습자들을 웃기려고 하는 것도 있는데 이때 강의 주제와 메시지를 벗어나 주객이 전도되는 우를 범하지 않도록 해야 한다.

이와 함께 교수자가 학습자보다 상대적으로 우위에

있다고 생각하는 것도 본능에 속한다. 일종의 '나를 따르라'와 같은 태도로 학습자를 대하는 것이다. 과거에는 일부 통했을지 몰라도 지금은 그렇지 않다. 강의 현장에서 교수자는 지휘관commander이 아니라 안내자guide여야 한다.

본격적인 강의 장면으로 들어가 보면 생각나는 대로 말하려는 경향도 발견된다. 이는 이른바 삼천포로 빠지게 되는 지름길이다. 강의 주제와 동떨어진 내용을 전달하게 되면 준비한 내용을 건너뛰게 되고 시간도 초과하게 된다. 무엇보다 주제와 핵심을 벗어난 강의는 강의를 했다는 것 외에 남는 것이 별로 없다.

교안에 매달리는 것도 본능 중 하나다. 그러나 강의의 주인공이 교수자라는 것을 생각해 보면 교안에 매몰되는 것은 주의해야 한다. 한 장의 교안이 학습자들에게 노출되는 시간은 불과 1분 남짓이다. 필요한 자료를 학습자가 보기 쉽게 담는 것만으로도 충분하다. 교안의 역할은 학습의 편의나 시청각 효과를 제공하는 것과 같이 강의를 지원해 주는 것이다.

만일 교수자가 이와 같은 본능대로 강의를 하게 되면 어떻게 될까? 한마디로 참사가 발생할 수 있다. 강의 현장에서의 참사란 학습자가 잔다거나 휴대폰을 만지작거리는 것을 포함해서 강의 내용에 대해 기억하지 못하는 것 등을 말한다.

교수자로서 이와 같은 참사를 방지하기 위해서는 몇 가지를 살펴봐야 한다. 먼저 학습목표를 잊지 말아야 한다. 학습목표는 교수목표와 교수학습방법 그리고 평가의 기준이 된다. 그래서 학습목표에 따라 강의를 준비하고 내용을 전달하게 되면 큰 문제가 발생하지는 않는다.

다음으로는 학습자의 입장에서 접근해야 한다. 학습자의 입장에서 접근한다는 것은 학습자의 참여 기회를 확대하는 것이기도 하고 교수학습 방법적인 측면에서의 다양화를 도모하는 것이기도 하다. 이를 위해서는 교수자 중심이 아닌 학습자 중심에서 준비하고 실행해야 한다. 이렇게 되었을 때 학습자들의 학습동기 유발이나 교육의 효과도 기대해 볼 수 있다.

이와 함께 교수자 스스로는 변화에 적극적이어야 한다. 다양한 자극에 스스로를 노출시켜 볼 필요도 있고 여행, 견학, 독서 등 새로운 경험을 하는 것에 대해서도 망설임이 없어야 한다. 아는 만큼 보이고 보이는 만큼 전달할 수 있다.

아울러 사전에 강의 중과 강의 후 자신의 모습이나 학

습자의 반응에 대한 상상을 해 보는 것도 필요하다. 어떤 모습을 기대하는지가 그려지면 그에 맞는 내용과 방법을 찾기가 훨씬 수월하다.

교수자로서 강단에 선다면 이 밖에도 여러 가지 고려해야 할 내용들이 많겠지만 무엇보다 교수자로서 자신에게 내재되어 있는 본능이 무엇인지를 인지해야 한다. 그리고 이러한 본능이 어떤 상황에서 나오는지에 대해 분석하고 이를 미연에 방지하기 위한 노력을 해야 한다.

이렇게 보면 어떤 경우에는 잘 되고 어떤 경우에는 안 되는 로또와 같은 강의는 없다. 강의는 생각한 만큼 좋아지고 준비한 만큼 효과가 있기 때문이다. 그리고 연습한 만큼 결과를 얻을 수 있기 때문이기도 하다.

강단에 서는 모든 교수자는 강사의 질質이 곧 교육의 질質이라는 말을 다시금 되새겨 봐야 한다. 그리고 교수자로서 바람직하지 않은 본능과 착각이 있다면 하루빨리 벗어나야 한다. 강의가 교수자의 삶에서는 한 컷에 지나지 않을 수도 있지만 학습자의 삶에서는 한편으로 다가올 수도 있기 때문이다.

나가는 말

교수자는 어떤 역할을 할까?

contents provider 교육 내용을 학습자에게 전달한다
instructional designer 학습자가 배워야 할 내용을 설계한다
instructor 학습자를 가르친다
evaluator 학습자를 평가한다

모두 빠질 수 없는 역할들이다. 그런데 교수자는 비단 이와 같은 역할에만 국한되지 않는다. 오히려 이와 같은 역할들은 강의 현장에서 펼쳐지는 표면적인 것에 지나지 않는다. 물론 교수자로서 이와 같은 역할도 잘해야 하겠지만 시야를 조금 더 멀리 그리고 더 넓게 펼쳐 볼 필요가 있다.

교수자의 역할을 확장해 보면 교수자는 콘텐츠를 매개로 조직문화를 변화시키는 역할change agent도 하고 누군

가에게는 역할 모델role model이 되기도 한다. 그리고 전문적인 지식이나 기술 등을 보유하고 있다면 학습자들에게 자신의 지적자산을 전수해 주는 역할에 이르기까지 다양하다.

교육의 질質은 교수자의 질質을 넘지 못한다는 말이 있다. 그리고 학습자는 교육을 받는 것이 아니라 교수자를 받아들인다는 말도 있다. 이러한 말들은 여러 가지로 해석해 볼 수 있지만 교육과 학습의 중심에는 교수자가 있고 교수자의 역할이 중요하다는 것에는 의심의 여지가 없다.

이 책은 교수자로서의 제 역할을 다하기 위해 요구되는 기본적인 내용을 넘어 구체적인 방법을 담고 있다. 따라서 이 책에서 제시된 내용만으로도 강단에서 달라진 자신의 모습을 확인할 수 있으며 이를 기반으로 교수자에게 요구되는 지식과 기술 그리고 태도 등을 확장시켜 나가보았으면 한다. 이른바 교수 역량, 즉 강의력을 향상시켜 보는 것이다.

교육학에서는 눈덩이 굴리기 효과snowball effect라는 것이 있다. 우리가 눈사람을 만든다고 하면 처음에는 작은 눈덩이를 만드는 것부터 시작해서 점차 그 크기를 키우는 것처럼 교육 역시 한 번에 모든 것을 담아내는 것이 아니라 작은 것부터 시작해야 한다는 것이다.

이 책은 강사로서 현장에서 겪은 경험을 뭉쳐 놓은 작은 눈덩이에 불과하다. 그러나 이 책을 접한 교수자들의 손과 발을 통해 강단에 섰을 때 학습자들에게 자신만의 모양과 크기를 보여 주기를 바란다.

그리고 이 책을 선택한 모든 독자들을 만족시킬 수 없다는 점을 잘 알고 있지만 강단에 서는 교수자에게 어느 한 부분이나마 도움이 되기를 바란다.

무엇을 하든지 간에 아는 것만큼 보이고 보이는 것만큼 할 수 있다. 강의 역시 마찬가지다. 아는 만큼 보이고 보이는 만큼 할 수 있다.

끝으로 앞서 연구하고 경험했던 분들의 지식과 지혜 그리고 이 책의 내용에 직간접적으로 긍정적인 영향을 미쳤던 분들에게 지면으로나마 감사를 전한다.

이 글을 먼저 읽어 보신 분들의 이야기

'강의 현장에는 수십 개의 거울이 존재한다. 학습자라는 교수자의 거울' 나의 머리와 가슴을 뒤흔든 문구이다. 교수자는 철저하게 준비해야 한다. 그러기 위해서는 학습자를 철저히 이해해야 한다. 학습자를 제대로 이해했다는 것은 적합한 교안과 도구의 사용으로 증명된다. 이러한 선순환 구조를 만드는 과정인 강의는 저자의 말대로 예술에 가깝다. 교수법이라는 영역에서 이미 알고는 있었지만 확신할 수 없었던 것들에 대해 저자가 명확히 짚어 주어서 홀가분한 기분마저 든다. 이제 좀 더 멋진 강의를 할 수 있을 것 같다.

• 정영재 대표(리더와 촉진 연구소)

강단에 처음 선다는 것이 얼마나 힘든 일인지는 해본 사람만이 알 것이다. 학습자 앞에서 실수를 연발하고 혼란의 연속인 첫 강의를 마치고서 무엇이 잘못되었는지 파악도 안 되어 좌절한 경험들은 연륜이 있는 교수자들에게도 흔히 들려오는 이야기다. 그런 상황에 대비하여 사전에 누군가 이 책에서처럼 친절하게 조언을 해줬더라면 어땠을까 하는 안타까움과 이제 강단에 서기 시작한 교수자들에게 소중한 팁이 본 지면으로부터 전해질 수 있다는 면에서 감사하는 마음이 든다.

• 양천호 교수(공군 보라매리더십센터)

HRD 업무 담당자로 이 책을 읽어 보며 느낀 키워드는 '쉬움' '자연스러움' '공감'입니다. 기업교육 담당자들이 이 책을 읽어보면 과정을 어떻게 설계하고 개발할 것인지, 고민해야 할 것은 무엇인지 자연스럽게 느끼도록 해줍니다. 저자가 실제 기업교육 현장에서 적용했던 노하우를 중심으로 전개하는 내용은 HRD 담당자의 고민에 대해 생생한 공감대를 갖게 해 줄 것입니다.

• 장은호 책임매니저(현대자동차)

현장 경험과 관련 연구 성과를 토대로 교육 현장의 강의 영역에 있어 가장 중요한 원칙들이 이해하기 쉽게 정리되어 다양한 이해관계자의 기대와 요구에 맞게 활용할 수 있도록 하는 실용적인 지침서입니다. 특히 강의 실전을 통해 습득한 지혜들과 새로운 통찰력이 추가되어 더욱 알찬 내용을 자랑하기 때문에 교육에 관심 있는 누구에게나 가치 있는 자료가 될 것이며 강의 개발에 시간과 노력을 투자하여 반드시 좋은 결과를 얻고 싶은 사람이라면 필독해야 할 책입니다.

• 강윤진 대표(키스톤CG, 교육공학박사)

강의 현장에 서는 교수자가 좌절을 느끼는 순간은 언제일까? '열심히' 가르치는데 학습자가 호응하지 않고 벽에 부딪힌 것과 같은 상황이 생길 때이다. 이 책은 이러한 고민을 가지고 있는 교수자에게 쉽게 다가설 수 있는 티칭 노하우를 전수하고 있다. 이 책에서 제시하는 내용들을 하나씩 시도해 보면서 '나는 어떻게 하고 있나'를 성찰하다 보면 얕은 노하우가 아니라 티칭의 본질에 다가설 수 있을 것이다.

• 윤선경 연구교수(한양대 IC-PBL 교수학습센터)

이 책은 좋은 강의란 '기본에 충실한 강의'라는 중요한 메시지를 일깨워 준다. 교수법에 정답은 없다. 교수자 각자 탄탄한 기본기를 토대로 최적의 조건을 찾아야 한다. 이러한 측면에서 저자의 풍부한 현장 경험과 체계적인 이론에 입각한 실무적인 내용들이 일목요연하게 제시되어 읽는 내내 고마움 마음이 들었다. 지식의 전달자이자 성장의 조력자로서 좋은 강의를 고민하는 모든 이들에게 유용한 길라잡이가 되어 줄 것으로 기대한다.

• 이영수 이사(스타비전 HR, 교육공학박사)

이 책은 강단에 섰을 때 어떻게 하면 좋은 강의를 할 수 있을지에 대한 우리들의 질문에 대하여 명쾌한 해법을 제시한다. 좋은 강의의 원리를 제시하는 책들은 많으나 어떤 책은 지나치게 이론적이거나 어떤 책은 지나치게 테크닉만 나열함으로써 우리의 흥미를 잃게 만든다. 반면 이 책은 이론과 실제 사이의 균형점에서 핵심적인 내용들을 친절하게 제시하고 있기 때문에 전문적인 교강사를 비롯하여 좋은 강의를 하고 싶은 사람은 누구나 읽어도 좋은 책이다.

• 정승환 연구교수(동덕여대 교육혁신센터)

강의를 준비하는 마음가짐부터 세부적인 강의 스킬까지 두루 다룬 이 책은 강사를 위한 실무지침서라 할 만하다. 귀한 손님을 맞이하듯 학습자의 입장에서 필요로 하는 주제를 제시하고 학습자가 대답하기 쉬운 질문을 통해 호기심과 반응을 이끌어 내라는 저자의 말은 강의의 정수라고 할 수 있다. '좋은 낚시꾼은 본인이 좋아하는 미끼를 끼우는 법이 없다'라는 저자의 주장처럼 이 책을 통해 강의의 본질인 학습자의 변화를 위한 강의가 더욱 많아지기를 기대한다.

• 박희섭 책임매니저(KIA)

이 책은 반칙이다. 강단에 오르기 위해 강사가 생각하고 준비해야 할 거의 모든 디테일을 짚어냈다. 저자가 축적한 수백 번의 강의 경험에서 뽑아낸 정수는 강의를 망칠 자신을 상실하게 한다. 저자는 일류 강사가 강단에 오르기 전부터 마무리를 지을 때까지 어떤 생각과 행동을 하는지, 무엇을 해야 하고, 피해야 할 장면은 무엇인지 간결하게 전달해 주고 있다. 수강생에게 성장의 경험을 안겨 줄 수 있는 강단을 만들고자 하는 교육담당자라면 곁에 두고 곱씹어 읽어 봐야 할 책이라고 할 수 있겠다.

• 한충석 책임매니저(현대제철)

저자는 강의를 준비하고 진행하는 과정에서 만나게 되는 여러 다양한 질문들에 대해 A부터 Z까지 세세하게 혜안을 제시하고 있습니다. 이 책은 여러분의 다양한 강의 역량과 준비가 어우러져 스스로 만족하는 좋은 강의가 될 수 있도록 훌륭한 안내자이자 멘토가 되어 줄 것입니다. 저자의 학문적 기반, 기업 현장에서의 다양한 경험, 교수자로서의 진솔함이 그대로 담겨 현재 강의에 어려움을 겪고 있거나 강의를 준비하고 있는 분들에게 자신감과 열정을 선사해 줄 것입니다.

• 양수진 박사(前 한양대 교육공학과 겸임교수)

이 책은 강의에 대한 열정과 진심을 가지고 있지만 아직 서투른 사람들에게 저자가 전하는 교수법 강의이다. 초심자라면 응당 가지게 되는 질문으로 독자의 관심을 끌고 간결하면서도 가볍지 않은 조언으로 교수자로서의 기본기를 다지게 한다. 걸작을 만들기까지는 독자 스스로 수많은 시행착오가 필요하겠지만 이 책을 통해 많은 이들이 교수자로서의 순조로운 출발을 할 수 있을 것이라 믿는다.

• 김원효 Technical Leader(SK하이닉스)

가르치는 일을 본격적으로 시작한 후 프레젠테이션과 강의는 많이 다르다는 것을 느끼며 더 나은 교수법을 늘 고민하고 있는 나에게 많은 것을 가르쳐 준 책이다. 무엇보다도 교수자의 마음까지 알아채고 보듬어주는 저자의 세심한 배려가 돋보인다.

• 박혜영 교수(효성인력개발원)

쉽게 읽히고 구체적이어서 편안히 보기만 해도 실제로 강의를 준비해 본 것 같은 효과를 가져다 줍니다. 자칫 모호한 문장으로 남을 수 있는 상황적 지침들을 구체적인 숫자와 적절한 예시로 설명하고 있습니다. 이는 보통 강의장에서 직접 손을 들고 한 번 더 물어 봐야만 얻을 수 있는 내용들입니다. 강의장이 생소하고 두려운 예비 교수자들에게 꼭 필요한 책이 될 것입니다.

• 하주원 책임(CJ제일제당 식품인사 인재조직문화팀)

강의를 마치고 돌아설 때면 종종 개운치 못할 때가 있었다. 대부분 명확한 이유를 찾을 수 없는 경우가 많았다. 저자의 오랜 경험과 지혜가 담긴 이 책을 읽고 나서야 비로소 알게 되었다. 강의 전에 준비하는 것이 학습내용뿐 아니라 학생들과의 교감을 위해 학습자 성향 파악이 필요하며 특히나 그들의 지적인 측면뿐 아니라 감성적 측면까지도 반드시 고려해야 하는 것임을 알았다. 바야흐로 언택트 시대에 비대면 강의도 많은 고민이 필요함을 저자는 강조하고 있다. 책을 읽고 앞으로 나의 강의가 조금은 발전될 수 있겠다는 기대도 생겼다. 지속적으로 곁에 두고 오래도록 곱씹어볼 그런 책이다.

• 노명화 교수(국방대)

지금도 강의를 할 때 마음속으로 '이제 어떻게 해야 하지?' '이 난국을 어떻게 돌파하지?'란 말을 대뇌인 적이 한두 번이 아닙니다. 그런데 평소 저자의 세심함이 묻어난 이 책을 한 줄 한 줄 읽어 내려가면서 그동안 어떤 부분을 간과하고 소홀하게 생각했었는지 스스로를 돌아보는 계기가 되었습니다. 특히 강의를 함에 있어 반드시 고려되어야 할 부분에 대해서 이론적 설명과 함께 저자의 풍부한 경험과 성찰이 조화되어 있어 더욱 유익했습니다. 아무쪼록 이 책을 접하는 모든 분들께서 명강사로 거듭나시기를 바랍니다.

• 노동원 프로(삼성전자 인재개발원)

더 나은 강의를 위해 읽어볼 만한 도서

강원국, 『강원국의 글쓰기』, 매디치미디어, 2018.

김상운, 『왓칭』, 정신세계사, 2011.

김종명, 『설득의 비밀』, 쿠폰북, 2009.

김지혜, 『선량한 차별주의자』, 창비, 2019.

김희봉, 『HRD를 시작하는 당신에게』, 플랜비디자인, 2023.

닉 채터, 김문주 역, 『생각한다는 착각』, 웨일북, 2021.

도널드 노먼, 박창호 역, 『디자인과 인간심리』, 학지사, 2016.

도날드 쇤, 배을규 역, 『전문가의 조건』, 박영스토리, 2018.

데이비드 건틀릿, 이수영 역, 『커넥팅』, 삼천리, 2011.

데이브 그레이 외, 강유선 외역, 『게임스토밍』, 한빛비즈, 2010.

데이비드 맥레이니, 이수경 역, 『그들의 생각을 바꾸는 방법』, 웅진지식하우스, 2023.

데이비드 크렙스, 박정민 역, 『동기부여 도구상자』, 박영스토리, 2020.

라젠드라 시소디어 외, 권영설 역, 『위대한 기업을 넘어 사랑받는 기업으로』, 럭스미디어, 2010.

라프 코스터, 안소현 역, 『재미이론』, 디지털미디어리서치, 2009.

로드 주드킨스, 이정민 역, 『대체불가능한 존재가 돼라』, 위즈덤하우스, 2015.

리드 이얄, 조자현 역, 『훅: 일상을 사로잡는 제품의 비밀』, 유엑스리뷰, 2022.

리사 맥클리우드, 조연수 역, 『한쪽 눈을 감은 인간』, 토네이도, 2012.

린 마굴리스 외, 김선희 역, 『과학자처럼 사고하기』, 이루, 2012.

미치오 카쿠, 박병철 역, 『마음의 미래』, 김영사, 2015.

바라트 아난드, 김인수 역, 『콘텐츠의 미래』, 리더스북, 2017.

박경철, 『시골의사 박경철의 자기혁명』, 리더스북, 2011.

박남기, 『최고의 교수법』, 쌤앤파커스, 2017.

박남기, 『실력의 배신』, 쌤앤파커스, 2018.

박웅현, 『여덟단어』, 북하우스, 2019.

백기복, 『미래형 리더의 조건』, 21세기북스, 2011.

빈스 에버르트, 조경수 역, 『네 이웃의 지식을 탐하라』, 아순, 2009.

서울대 창의성 교육을 위한 교수모임, 『창의혁명』, 코리아닷컴, 2018.

서은국, 『행복의 기원』, 21세기북스, 2014.

성열홍, 『미디어 기업을 넘어 콘텐츠 기업으로』, 김영사, 2010.

송인혁, 『스파크』, 생각정원, 2012.

수잔 애쉬포드, 김정혜 역, 『유연함의 힘』, 상상스퀘어, 2023.

섀런 메리암 외, 최은수 외역, 『성인학습 이론과 실천』, 아카데미프레스, 2016.

세스 고딘, 윤영삼 역, 『린치핀』, 21세기북스, 2010.

스티브 사마치노, 김정은 역, 『위대한 해체』, 인사이트앤뷰, 2015.

스콧 매케인, 이민주 역, 『하이컨셉의 시대가 온다』, 토네이도, 2009.

스콧 영, 이한이 역, 『울트라 러닝』, 비즈니스북스, 2020.

아트 마크먼, 박상진 역, 『스마트 씽킹』, 진성북스, 2012.

야마구치 슈, 이현미 역, 『그들은 어떻게 지적성과를 내는가』, 인사이트앤뷰, 2015.

이면희, 『지식의 재구성』, 청년정신, 2008.

이어령, 『젊음의 탄생』, 마로니에북스, 2013.

이지훈 외, 『위클리비즈 인사이트』, 어크로스, 2011.

이재규, 『무엇이 당신을 만드는가』, 위즈덤하우스, 2010.

이재규, 『지식근로자』, 한국경제신문사, 2009.

요차이 벤클러, 이현주 역, 『펭귄과 리바이어던』, 반비, 2014.

유발 하라리, 김명주 역, 『호모데우스』, 김영사, 2017.

애덤 고든, 안세민 역, 『왜 트랜드의 절반은 빗나가는가』, 흐름출판, 2011.

에리카 다완 외, 최지원 역, 『연결지능』, 위너스북, 2016.

왕중추, 홍순도 역, 『디테일의 힘』, 올림, 2005.

윌리엄 더건, 윤미나 역, 『제7의 감각, 비즈니스맵』, 2008.

자미라 엘 우아실, 프리데만 카릭, 김현정 역, 『세상은 이야기로 만들어졌다』, 원더박스, 2023.

전중환, 『오래된 연장통』, 사이언스북스, 2014.

조벽, 『조벽 교수의 명강의 노하우 노와이』, 해냄, 2009.

조정래, 『스토리텔링 멘토링』, 행복한미래, 2013.

존 메디나, 서용조 역, 『브레인 룰스』, 프런티어, 2009.

존 스웰러 외, 이현정 외역, 『인지부하이론』, 아카데미프레스, 2013.

존 캘러, 조일현 외역, 『학습과 수행을 위한 동기설계』, 아카데미프레스, 2013.

제니퍼 아커 외, 김재연 역, 『드래곤플라이 이팩트』, 랜덤하우스코리아, 2011.

최인철, 『프레임』, 21세기북스, 2016.

최진석, 『인간이 그리는 무늬』, 소나무, 2013.

칼 알브레이트, 조자현 역, 『실용지능이 성공의 기회를 만든다』, 흐름출판, 2009.

칼 오너리, 박웅희 역, 『슬로씽킹』, 쌤앤파커스, 2014.

토니 부크홀츠, 장석훈 역, 『러쉬』, 청림출판, 2012.

탈레스 테이셰이라, 김인수 역, 『디커플링』, 인플루엔셜, 2019.

팀 하포드, 강유리 역, 『어댑트』, 웅진지식하우스, 2011.

패트릭 렌치오니, 홍기대 외역, 『무엇이 조직을 움직이는가』, 전략시티, 2014.

하워드 가드너, 송기동 역, 『통찰과 포용』, 북스넛, 2008.

하워드 가드너, 류숙희 역, 『인간은 어떻게 배우는가』, 사회평론, 2015.

한국경제신문 특별취재팀, 『다양한 인재가 세상을 바꾼다』, 한국경제신문사, 2015.

부록

강의를 시작하는 당신이
확인해봐야 할 체크리스트

1장

교수자 마인드 측면에서의 체크리스트

No	확인사항	YES	NO
1	강의를 하고 싶은가?		
2	강의를 통해 즐거움을 느낄 수 있는가?		
3	강의 주제와 관련된 자료를 연구했는가?		
4	강의 리허설을 했는가?		
5	강의에서 제시된 내용과 관련해서 예를 들어 설명할 수 있는가?		
6	나의 강의를 수강하는 학습자에 대한 정보를 확인했는가?		
7	나의 강의는 학습목표가 명확한가?		
8	나의 강의는 한 번에 50분을 넘지 않는가?		
9	나의 강의에는 쌍방향적 방법이 적용되었는가?		
10	나의 강의에는 다양한 교수학습방법이 적용되었는가?		

2장
강의 시작 전 측면에서의 체크리스트

No	확인사항	YES	NO
1	강의자료를 별도로 저장했는가?		
2	강의실에 있는 장비들을 확인했는가?		
3	강의실 환경을 확인했는가?		
4	학습자들과의 라포를 형성할 수 있는 방법을 마련했는가?		
5	강의 시작 직후 해야 할 말을 정리했는가?		

3장
언어적 강의 스킬 측면에서의 체크리스트

No	확인사항	YES	NO
1	나의 질문은 학습자가 반응할 수 있는 질문인가?		
2	나의 질문은 학습자가 학습 내용을 연상할 수 있는 질문인가?		
3	나의 질문에 대한 답은 학습 내용과 연계되어 있는가?		
4	나의 질문은 학습자로 하여금 생각할 수 있게 만드는 질문인가?		
5	학습자들로부터 받은 질문을 활용할 수 있는가?		
6	쉽고 간결하게 표현하는가?		
7	학습 내용에 스토리를 접목하고 있는가?		
8	심상가 높은 단어를 사용하고 있는가?		
9	비교나 비유, 사례를 들고 있는가?		
10	나의 강의는 논리적으로 구조화되어 있는가?		

4장
비언어적 강의 스킬 측면에서의 체크리스트

No	확인사항	YES	NO
1	미소짓는 것이 자연스러운가?		
2	학습자들과 눈맞춤하는 것이 자연스러운가?		
3	학습자들에게 골고루 시선을 주는가?		
4	비언어적 방법으로 학습자들의 주의를 끌 수 있는가?		
5	제스처 사용이 자연스러운가?		
6	강의할 때의 의상은 상황에 맞게 잘 준비되어 있는가?		

5장
교안 구성 측면에서의 체크리스트

No	확인사항	YES	NO
1	나의 강의에 대한 학습목표는 구체적으로 설정되어 있는가?		
2	나의 강의에서 다루어지는 내용은 학습목표와 연계되어 있는가?		
3	나의 강의 내용은 도입, 전개, 마무리로 구성되어 있는가?		
4	나의 강의 내용에서 핵심 메시지는 부각되는가?		
5	나의 강의는 학습자들의 주의집중을 이끌어 낼 수 있는 요소가 있는가?		
6	나의 강의 내용은 학습자들과 관련성이 있는가?		
7	나의 강의에는 학습자 참여가 이루어지는 요소가 있는가?		
8	나는 강의 시 학습자에게 반응을 보이는가?		
9	나의 강의에는 학습자에게 익숙한 사례가 포함되어 있는가?		
10	나의 강의 마무리는 학습자들이 참여할 수 있는가?		

6장

교안 제작 측면에서의 체크리스트

No	확인사항	YES	NO
1	나의 교안은 교재와 다른가?		
2	나의 교안 제목은 관심을 불러일으키는가?		
3	나의 교안은 간결하게 만들어졌는가?		
4	나의 교안 속 글자는 최소화되어 있는가?		
5	나의 교안에는 영상자료가 포함되어 있는가?		
6	나의 교안은 이미지 중심으로 만들어졌는가?		
7	나의 교안에는 강조색이 적용되어 있는가?		

7장
온라인 강의 측면에서의 체크리스트

No	확인사항	YES	NO
1	온라인 강의 시 학습 패턴의 변화가 이루어지는가?		
2	온라인 강의 시 학습자가 참여할 수 있는 방법이 적용되어 있는가?		
3	온라인 강의 시 학습자료는 링크로 연결되어 있는가?		
4	온라인 강의교안의 레이아웃은 최적화되어 있는가?		
5	교안에 사용되는 글자 크기는 적절한가?		
6	교안에 사용되는 글자의 색은 적절한가?		
7	교안에 사용되는 폰트는 명시성이 확보되어 있는가?		
8	온라인 강의에서 문제 발생 시 대처방안은 준비되어 있는가?		